CÓMO SE ORGANIZAN LAS MÁQUINAS

UNA INTRODUCCIÓN A LOS SISTEMAS DISTRIBUIDOS

RODRIGO SANTAMARÍA

CÓMO SE ORGANIZAN LAS MÁQUINAS

UNA INTRODUCCIÓN A LOS SISTEMAS DISTRIBUIDOS

Ediciones Universidad
Salamanca

BIBLIOTECA DE LAS CIENCIAS
92

1.ª edición: noviembre, 2024
ISBN (impreso): 978-84-1311-997-7 / DL S-236/2024
ISBN (PDF): 978-84-1311-998-4

DOI: https://doi.org/10.14201/0BC0092

Diseño de cubierta: Cristina Gómez Toraya. Imagen: manos artificiales diseñadas en 2016 por el Movement Control Laboratory, Universidad de Washington. La foto se encuentra en el dominio público, en un artículo de Singularity Hub

Ediciones Universidad de Salamanca
eusal.es

Hecho en UE-Made in EU

Este libro se escribió con la ayuda de KOMA-Script y LATEX usando la clase kaobook.

♠

Ediciones Universidad de Salamanca es miembro de la UNE Unión de Editoriales Universitarias Españolas
www.une.es

Prefacio

1 Una introducción

El libro que tienes en tus manos es una síntesis de los contenidos de la asignatura *Sistemas Distribuidos* que imparto en el Grado en Ingeniería Informática de la Universidad de Salamanca. Los contenidos de la asignatura se pueden encontrar en abierto aquí.

El propósito del libro es aportar una narrativa sobre la problemática de los sistemas distribuidos, que pueda ayudar a conectar los muchos conceptos relacionados de este ámbito de la informática. Aunque se trata de un libro dirigido a estudiantes de ingeniería, he tratado de hacerlo accesible a casi todo el público. La mayoría de los esquemas son razonablemente simples, y he tratado de minimizar las ecuaciones matemáticas. La idea de hacer un libro de este tipo surge tras la pandemia, al ver cómo los estudiantes demandaban acceso a los vídeos grabados de las clases. Mis grabaciones son malísimas. No me preparo para una charla TED cada día que doy clase, así que a veces titubeo, salto por las transparencias, interrumpo si recibo preguntas, etc.

Además, el relato de un vídeo no me termina de convencer. Sufro cada vez que tengo que hacer alguna chapuza en casa: ya no hay tutoriales escritos. Todo son vídeos en los que te tienes que tragar veinte minutos antes de que lleguen a lo que necesitas, si es que lo tratan. Y si tienes que volverlo a ver, más te vale que te acuerdes en qué momento exacto estaba en la grabación. Por supuesto que el apoyo visual ayuda, pero creo que, como recurso pedagógico, un libro es mucho más interesante. Es más fácil de anotar y navegar a puntos concretos y, sobre todo, me parece que requiere un modo de funcionamiento cerebral distinto, que demanda un poco más de concentración, un poco más de pausa, un poco más de estar centrado en el tema.

Ni el libro ni el vídeo tienen nada que hacer en un mundo plagado de distractores al alcance no ya de un clic, sino de un vistazo o un estímulo auditivo. El libro físico, sin embargo, parte con una ventaja: abrirlo ya es una declaración de intenciones, para ello debemos darle la espalda a la pantalla. Si uno llega a ese punto, es posible que esté en condiciones de apartarse de ese zumbido continuo que nos impide concentrarnos.

A partir de ese punto, es responsabilidad mía conseguir hacer la lectura un poco amena e interesante. Me he marcado el límite de escribir un libro de entorno a cien páginas, para esforzarme en sintetizar los conceptos más importantes y explicarlos de manera sencilla e interesante. Para explicaciones más completas, recomiendo seguir el libro de Colouris *et al.* [2] y las referencias que indico en cada tema. Espero que este libro pueda servir de introducción a todos estos asuntos tan importantes para la organización del mundo actual, y de puente hacia los detalles teóricos y prácticos para aquellos que quieran profundizar.

1.1 Un libro en extinción

Llevo unos 15 años impartiendo la asignatura *Sistemas Distribuidos* en el Grado en Ingeniería Informática de la Universidad de Salamanca. La última década, sin embargo, es bastante escasa en cuanto a la divulgación académica de los sistemas distribuidos. Por un lado, la conversión de los planes de estudio del modelo 3+2 al modelo 4+1 ha dejado fuera de algunos grados esta materia, relegándola a másteres profesionales que no siempre tienen mucha demanda. Por otro lado, la consolidación de las soluciones distribuidas y, sobre todo, su 'empaquetamiento' dentro de las Plataformas e Infraestructuras como Servicio (Google Cloud, AWS, Microsoft Azure) ha externalizado y de alguna manera oscurecido este conocimiento.

Para algunos, se trata de una disciplina tan arcana y obsoleta como el lenguaje ensamblador. Sin embargo, las soluciones distribuidas tienen tremendas implicaciones tecnológicas, dependencias económicas y ramificaciones en contextos muy dispares, desde las relaciones sociales a las dinámicas de poder. Como pasa con la inteligencia artificial, parece que la academia cada vez tiene menos que decir en estos temas, cooptados por la iniciativa privada, pero sigue siendo nuestra tarea hacer el mundo que nos rodea inteligible para nuestros estudiantes y para la sociedad. Es todavía pronto para darnos sepultura.

1.2 Agradecimientos

Agradezco a mis compañeros de departamento, especialmente a Luis Quintales, que me enseñó la teoría y la práctica de los sistemas distribuidos, y más tarde me dio la oportunidad de comenzar a dar clases con él de este tema. También a Roberto Therón, con el que aprendí a visualizar de manera intuitiva información, procesos y sistemas. No me puedo olvidar de Pablo Chamoso, que me ayuda desde hace años a dar las clases prácticas a los estudiantes. Estudiantes que me han ayudado también mucho en la elaboración del libro, contribuyendo con dudas y aportaciones a mejorar las explicaciones de muchos conceptos y algoritmos. Me gustaría agradecer especialmente a los estudiantes de la asignatura *Sistemas Distribuidos* del grado de ingeniería en informática del curso 2023/2024, que sufrieron la elaboración y la lectura de distintas versiones del libro.

También me gustaría agradecer a todos los científicos e ingenieros que han desarrollado las soluciones que veremos en el libro. Aquí presento una introducción a temas muy complejos, para cuyas descripciones formales y toda la casuística que me dejo fuera, recomiendo su lectura. En especial, el libro *Distributed Systems: Concepts and Design* [2] ha sido la base de mi formación en este tema, y parte de la estructura y las explicaciones de este libro le deben mucho. En cuanto a mi grupo de investigación, agradezco a Paco, Alicia, Laura y demás su paciencia por el tiempo que me ha podido quitar la elaboración de este libro de mis tareas asignadas. La edición del libro no habría sido posible sin la inestimable ayuda y consejo de Iván Pérez y Cristina Gómez de Ediciones Universidad de Salamanca.

Finalmente, le debo todo a la alegría y energía que me dan Jara y Alba cada día.

Rodrigo Santamaría

Contenidos

Lista de Figuras

Lista de Tablas

Modelos: robando un banco | 1

1.1 A nuestra imagen y semejanza

Hemos hecho a las máquinas a nuestra imagen y semejanza. Como demiurgos, hemos creado máquinas que representan humanos imperfectos. Muy imperfectos. Pero 'humanos' en el sentido del modelo que hemos seguido para hacerlos. Los hemos diseñado con memoria, razonamiento, órganos de entrada y de salida. No puede ser de otro modo[1].

Sobre los pilares del hardware y el software hemos construido sistemas operativos y redes. Y sobre estos, todo lo demás. Definiremos pues un sistema distribuido como un conjunto de máquinas conectadas en red que se comunican mediante mensajes. Una gran cantidad de las utilidades informáticas que utilizamos a día de hoy requiere de varios equipos y de un ecosistema que les permita comunicarse entre sí: Google, Bitcoin, BitTorrent, TikTok o Netflix, por poner algunos ejemplos. Al igual que nosotros utilizamos el aire para conectar con otras personas a través del habla, la red sirve de base para la conectividad entre máquinas. Pero no es suficiente, ya se trate del aire o de la red, estos simplemente establecen las condiciones indispensables para conectarnos, cualquier tarea entre personas y/o máquinas va a requerir de comunicación, sincronización y coordinación.

1: La palabra *robot* viene de una raíz eslava relacionada con el trabajo forzado. Un robot es un esclavo. Un esclavo es un humano, no es un término que utilicemos con animales domésticos o con el ganado.

Figura 1.1: Un sistema distribuido es un conjunto de máquinas conectadas que se envían mensajes. Al igual que los humanos, el sistema distribuido va a tener que resolver problemas de comunicación, sincronización y coordinación para poder trabajar conjuntamente y ofrecernos la mayoría de las utilidades con las que convivimos.

En una primera parte del libro, estudiaremos las estrategias mediante las que se logra todo esto entre máquinas. Una vez sentadas las bases de la comunicación, sincronización y coordinación, la segunda parte de libro se centrará en cómo a partir de ellas desarrollamos sistemas para gestionar la información en un entorno distribuido. A lo largo del libro usaremos, a modo didáctico o crítico, ejemplos sobre cómo estos conceptos tienen su eco en los modos de interacción humanos. A menudo, sociedad, política e informática se entrelazarán de una manera sutil pero profunda.

Y es que a veces los límites entre hombre y máquina se difuminan bastante. ChatGPT ya podría pasar un examen de selectividad. Vale, como lo pasan algunos estudiantes, por los pelos y con la sospecha del profesor de que se sabe las cosas con pinzas, pero lo pasa[2]. Daniel Tunkelag, ya en 2016, relataba su experiencia con una IA para la gestión de su agenda que, mediante lenguaje natural, terminó comunicándose en inglés por correo electrónico con la IA de gestión de agenda de un compañero [5]. Ni que decir tiene que las dos secretarias artificiales se llamaban Amy y Clara. Sesgo de género. A nuestra imagen y semejanza.

Comencemos con una pequeña historia de la evolución de los sistemas distribuidos, desde los primeros ordenadores conectados hasta la web actual.

2: El ser humano está sufriendo el mismo proceso que Dios. Cuando la ciencia explicaba algo nuevo como el movimiento de los astros o la evolución, el teólogo decía: "vale, pero Dios no está ahí". Cuando la máquina nos gana al ajedrez o pasa el test de Turing [3], decimos "vale, pero la inteligencia no está ahí". Un juego del ratón y el gato difícilmente justificable. También nos cuesta un poco admitir que los animales piensan o que las plantas sienten [4].

1.2 Breve historia de los sistemas distribuidos

1.2.1 Monarcas y anarcas

Hacemos nuestras máquinas a nuestra imagen y semejanza. Y las 'sociedades' de máquinas a la imagen y semejanza de nuestras sociedades. En la edad media de los ordenadores, allá por los años sesenta, el modelo feudal estaba de moda. Había pocas máquinas, monarcas imperantes, principalmente en grandes universidades y empresas, a las que se conectaban vasallos iletrados, formados por una pantalla y un teclado sin capacidad de procesamiento. Estos vasallos apenas eran donde terminaba el cable que los conectaba al servidor, de ahí que se les llamara *terminales*. Este es el contexto primitivo del modelo cliente-servidor. El servidor proporciona los datos, la capacidad de procesamiento, la memoria, el sistema operativo, el programa. El cliente simplemente solicita lo que necesite (que es todo, o casi todo).

El modelo evoluciona según aumenta la capacidad del cliente para procesar y almacenar información. Ya no necesita del servidor para todo, solo para cálculos complejos o para datos que no tiene a su disposición. El vasallo está más educado.

Por otra parte, los imperios crecen, y la cantidad de clientes también. El ancho de banda del monarca no da para todo. Nacen las cortes y los ministros: estratos de servidores a distintos niveles, balanceadores de carga, servidores proxies. ¿Y qué pasa si el monarca cae? La dinastía debe continuar: servidores replicados, centros de datos.

Con el aumento de la capacidad de los clientes y la diversificación de los servidores, la red ha escalado satisfactoriamente a pesar del dramático incremento de usos y usuarios, sin variar esencialmente el modelo cliente servidor. Pero algo se rompe en 1999: Napster.

Aunque ya existían soluciones descentralizadas décadas antes, Napster supone una prueba de concepto rotunda de que dichas soluciones pueden escalar sin problemas y tienen demanda en la sociedad. Escrito por Shawn Fanning, un chico de 19 años sin conocimientos de programación, pero con una idea en la cabeza y un ordenador prestado por su tío, en tres meses puso en funcionamiento una aplicación que permitía compartir archivos de música entre ordenadores sin (casi) necesidad de un servidor[3]. El resto es historia: en apenas un año más de 20 millones de personas usaban la aplicación, compartiendo miles de archivos de música. La industria demandó a Napster por infracción de derechos de copia, y el juez ordenó su cierre. Napster alegó que la única parte que ellos gestionaban era un servidor que indicaba a los clientes qué usuarios tenían la canción que buscaba. Ellos no albergaban los archivos de música que suponían la infracción de derechos de copia. El juez decretó que indicar dónde estaban los archivos era parte fundamental de la infracción. Como si alguien te pregunta por la joyería más cercana, resulta que para atracarla, y tú terminas también en el trullo. Bueno, no exactamente igual, el propósito de Napster era ese, que la gente pirateara y compartiera. Napster también alegó que, bueno, si alguien tenía una copia original del disco y quería hacer una copia para dejársela a un amigo, eso no era problema. Tú compras un material y con él haces lo que quieras, incluido copiarlo o regalarlo. El juez consideró que copiarlo y regalarlo una vez está bien, pero si lo haces miles de veces, es un delito, aunque no recibas dinero por ello.

3: Napster sigue el modelo de parejas exitosas de Silicon Valley: un hacker (Fanning) y un emprendedor, Sean Parker, que luego será el primer presidente de Facebook. Steve Wozniak y Steve Jobs son posiblemente el ejemplo más conocido.

Seguiremos con esto más adelante (ver capítulo 6), por ahora baste decir que Napster dejó una marca indeleble en la industria y en los consumidores, y el modelo cliente-servidor ya nunca volvería a ser lo que era. Los poderosos se dieron cuenta de que había mucha potencia de cálculo y ancho de banda en los equipos de los clientes que no estaban aprovechando. Y los menos poderosos se dieron cuenta de que podían organizarse sin muchos miramientos hacia arriba. En el medio, algunas empresas aprendieron a pescar en un río revuelto.

1.2.2 La nube

Conforme crece la cantidad de usuarios conectados, la calidad de su conexión, y la capacidad de procesamiento y almacenamiento de sus máquinas, el modelo cliente-servidor muta para aprovechar lo que Shirky llamó los "recursos en las fronteras de Internet: almacenamiento, ciclos, contenido, presencia humana" [6] Existen pues distintas versiones de esta mutación. Muchos servidores envían código al cliente para que se ejecute en su máquina, generalmente en el navegador, evitando la carga que puede suponer de procesamiento en el servidor, o para el canal de comunicación. Desde los ahora difuntos applets de Java y Flash, hasta los frontends de Javascript, prácticamente toda la carga gráfica de los servicios suele correr a cargo del cliente. Al mismo tiempo que se explotan las capacidades computacionales y gráficas de los clientes, se obvia su capacidad de almacenamiento, que cada vez más se exporta a La Nube[4]. Bajo el argumento de la comodidad y la ubicuidad, el correo, los documentos, las películas y la música ya no la tenemos en nuestro disco duro (enorme, pero vacío) sino en La Nube. El trabajo queda para el cliente, que procesa los frames de vídeo de Netflix y carga el editor de texto de Google Docs o Gmail. El capital (las películas, los archivos de texto, los correos) queda en servidores a los que nuestra capacidad de acceso es nula, limitada, o dependiente de las condiciones cambiantes de los contratos. Ya no somos los vasallos iletrados, pero no somos capaces de sacar ventaja de ello.

4: Un chiste friki: un niño mira al cielo y le pregunta a su padre "Papá, ¿de qué están hechas las nubes?" y su padre le responde: "Fundamentalmente, de servidores Linux".

Las posibilidades de los pioneros de Napster en el Salvaje Oeste quedan pues poco a poco sepultadas (aunque siguen fluyendo subterráneamente) por los emprendedores que entienden de cerramientos. El propio artículo de Clay Shirky citado arriba, publicado en el dominio openp2p.com, es hoy inaccesible dentro del conglomerado de Tim O'Reilly, un buen conocedor de aprovecharse del trabajo ajeno [7]. Aunque el agujero en la línea de flotación de Napster a las distribuidoras de música se intenta cerrar con abogados y demandas, la herida sigue sangrando, y el tiranosaurio pierde terreno ante los velociraptors. Apple primero y Spotify después tienen ahora una posición ventajosa para negociar con las distribuidoras de música: "bájate de la parra y abarata tus licencias de copia si quieres sacar dinero, que si no, ahí está BitTorrent". Cuantitativamente distinto, pero cualitativamente intacto, el modelo cliente-servidor permanece.

1.2.3 Internet como Servicio

La nube cristaliza alrededor de 2010 en torno al modelo "X como Servicio". Por ejemplo, el "Streaming como Servicio" de Spotify o Netflix te ofrece comprar no una canción o una película, sino tener el derecho al visionado de grandes colecciones (aunque evidentemente la porción que ves de toda la colección sea pequeña). Este modelo es sobre todo relevante al nivel de la gestión de aplicaciones y servidores, que cada vez más se ofrecen como Servicio:

- ► Software como Servicio (SaaS) si alquilas un servidor en 'crudo', simplemente subes tu aplicación a la máquina de otro, pero te encargas de la gestión.
- ► Plataforma como Servicio (PaaS) si también contratas un hardware virtual que te facilite algunas tareas de mantenimiento operativo básicas.
- ► Infraestructura como Servicio (IaaS) si también quieres delegar las tareas de mantenimiento distribuido avanzadas: escalado, balanceo de carga, etc.

Google es el primero que explotará así su excelente infraestructura (ver capítulo 9), siendo superada por Amazon (AWS) y Microsoft (Azure). Entre las tres, en 2022 se repartían el 65 % de la nube pública[5], el extraño nombre que recibe la nube que funciona mediante un modelo PaaS o IaaS.

5: Según Jason Stagnitto en cloud-wards.net.

1.2.4 Recursos en la frontera

La cita de Shirky hablando de la nube (ver capítulo 1.2.2) termina de manera inquietante: "presencia humana". El humano al otro lado de la máquina cliente es tanto o más importante que los recursos de su computadora. Ya sean sus pautas de comportamiento, sus gustos (y su cartera), el contenido de sus correos, o su capacidad de trabajo, pueden ser y serán explotados por el modelo cliente-servidor. La arquitectura en muchos sentidos se ha invertido: ¿quién es el cliente y quién el servidor? ¿quién está dando el servicio a quién? ¿Está Instagram permitiéndome ver los posts de mis colegas, o estoy yo permitiéndole ver a Instagram mis preferencias y comportamientos? Una manera artística elegante de estudiar la presencia humana como recurso en Internet es el proyecto Ten Thousand Cents de

Koblin y Kawashima [8]. Utilizando Amazon Mechanical Turk, un sistema por el que, a cambio de una pequeña recompensa económica, puedes contratar pequeñas tareas a usuarios anónimos, se planteó dibujar un billete de 100 dólares entre 10 000 personas, pagándoles a cada una un céntimo por dibujar una diezmilésima parte del billete. Algunos usuarios se esmeraron mucho en su porción, otros muy poco, pero el resultado final es una buena reflexión sobre el éxito de la colaboración, el impacto del 'sabotaje', o incluso las diferencias culturales[6].

6: Los usuarios estadounidenses se pasaron, de media, menos de 3 minutos para dibujar sus porciones, mientras los usuarios chinos pasaron de media casi 24 minutos dibujando sus porciones del billete estadounidense.

La explotación de recursos en la frontera es vital para muchas tareas que no pueden hacer las máquinas. Un caso paradigmático es el de la moderación de contenidos. Cientos de trabajadores en todo el mundo, generalmente en el sur global, se ven expuestos a contenidos traumáticos para evitar que el resto de nosotros los veamos, con sus consiguientes efectos psicológicos [9]. La inteligencia artificial basada en modelos de lenguaje grande (LMM) tales como ChatGPT confían también en este tipo de moderadores para refinar el entrenamiento, con problemáticas similares [10] .

1.2.5 La web que viene

Es imposible predecir qué web tendremos mañana, pero creo que sí podemos hacer un diagnóstico a partir de la web que tenemos hoy. A nuestra imagen y semejanza, la web refleja las ventajas del mundo global en el que vivimos: escala mundial, inmediatez, lenguaje común. A nuestra imagen y semejanza, la red refleja las partes más oscuras también: se ha concentrado en pocas manos, ha sufrido un aumento de la desconfianza en ella, y asoma peligrosamente su fragmentación. Puede ser el espejo en silicio de lo que vemos en nuestros modelos de estados-nación y organismos supranacionales.

Como hemos visto, el modelo de plataforma o infraestructura como servicios ha agrupado la mayoría de los servidores occidentales en tres compañías. En otras partes del mundo, la situación es seguramente peor. Además, la neutralidad y la seguridad de la red se han visto comprometidas en numerosas ocasiones: el bloqueo a Wikileaks, el programa de espionaje masivo gubernamental PRISM, las múltiples filtraciones de datos, el escándalo de Cambridge-Analytica, los 'cierres' de Internet en manifestaciones de todo el mundo. La partición de la red según intereses es también una realidad: desde el bloqueo de medios rusos en Europa a raíz de la guerra de Ucrania, hasta las barreras que China impone a webs extranjeras.

En este escenario, cabe esperar una red más fragmentada y controlada, y posiblemente con peor calidad de contenidos[7]. Al mismo tiempo, existen ya análisis profundos de sus debilidades (ver capítulo 6.4) y puede que esa fragmentación dé lugar a distintos niveles de red, con distintos protocolos y accesibilidad, dividida por zonas geográficas o por niveles de conocimiento o de privacidad. También puede que veamos que nuevos protocolos descentralizados y seguros por diseño triunfan a nivel global, aunque la facilidad de maniobra no es la misma ahora que cuando los protocolos originales de la red se pusieron en marcha.

7: Al menos a corto plazo, parece que la dictadura del SEO (ver capítulo 9.1.5) se va a unir a las alucinaciones de la IA generativa.

1.3 Bailando con sistemas

Un sistema es un conjunto complejo de elementos relacionados entre sí. El sistema nervioso central, el sistema electoral, o el sistema solar son algunos ejemplos. La complejidad y la interrelación son por tanto sus características más importantes, junto con el hecho de que el sistema emerge como entidad superior, no definida solamente por sus elementos sino por sus intrincadas relaciones. De algún modo, todo es susceptible de interpretarse como un sistema, tan solo depende de hasta dónde y con qué resolución se mire (neuronas, personas o planetas).

En este sentido, si consideramos el computador como la unidad básica de estudio, cualquier conjunto de ordenadores sería un sistema. El énfasis en hablar de sistemas *distribuidos* busca dejar claro que son ordenadores repartidos de manera arbitraria por una red de comunicaciones. Un sistema distribuido[8] se definirá como un "conjunto de ordenadores conectados en red, que se comunican mediante mensajes".

Todo ingeniero o científico busca 'modelar' su sistema: clasificar y dividir sus partes para entenderlo mejor. George Box, célebre estadístico, haría famosa la cita de que "todos los modelos están equivocados, pero algunos son útiles" [11]. Un modelo es siempre una simplificación de un sistema, para poder entenderlo o discutir sobre alguno de sus aspectos sin vernos abrumados por su complejidad. Como ingenieros, deberíamos tener esto claro, y abordar los sistemas sin intentar que 'encajen' a la perfección en los modelos teóricos. Bailar con los sistemas [1], en vez de tratar de someterlos[9].

Hay multitud de modelos propuestos para sistemas distribuidos, veremos algunos que nos permitan entender cuatro aspec-

8: No se debe confundir con la computación distribuida, un sistema distribuido es una acepción más general que 'simplemente' la computación en paralelo de varias máquinas para resolver una tarea. A veces también se equipara el adjetivo distribuido con descentralizado, aunque realmente un sistema centralizado también está distribuido por la red.

9: La cita de Box no es novedosa, podemos trazar la crítica de los modelos hasta la caverna de Platón. A mí me gusta especialmente la cita de Masanobu Fukuoka, microbiólogo y agricultor: "El hombre ha dividido el mundo en trozos, les ha puesto nombre, y se cree que lo entiende" [12]. En ciencia de la computación, el reto de la formalización matemático-lógica del lenguaje es una historia similar, bellamente retratada en la novela gráfica Logicomix [13].

tos fundamentales: qué elementos tienen, cómo se relacionan, cómo se comunican, y cómo fallan.

1.3.1 Modelos físicos

El tipo de entidades que forman nuestros sistemas informáticos ha cambiado mucho desde los años 70. Una primera generación de sistemas vivían dentro de algunas grandes empresas y universidades. Se trataba de pocos equipos, similares entre sí, conectados mediante una red de área local. El principal objetivo era su coordinación propiamente dicha, por lo que muchos de los algoritmos y soluciones que estudiaremos proceden de esta época.

Una segunda generación, al albur de la aparición del ordenador personal, el abaratamiento de los equipos e Internet, dará lugar a sistemas más grandes y heterogéneos, con equipos corriendo distintos sistemas operativos y plataformas, en el entorno de la red de redes. Los retos, por tanto, cambian hacia la escalabilidad y la 'estandarización' de las comunicaciones. Es por ello que al final de esta fase, en torno a 2000, surgen sistema de organización y comunicación aún en boga como P2P (capítulo 6) o REST (capítulo 2.5).

La tercera generación, en la que nos encontramos inmersos, multiplica y moviliza los nodos: las unidades del sistema distribuido ya no son solo ordenadores, y no están fijos en el espacio. Esto acarrea más problemas de heterogeneidad y de comunicación, además de multiplicar de nuevo la escala. Todo esto ocurre en el contexto de la nube (capítulo 1.2.2), de modo que los clientes muchas veces se 'atontan' al modo de los antiguos terminales, ahora por comodidad más que por necesidad, externalizando diversas tareas en servidores, así como su mantenimiento[10]. Hoy en día podemos encontrarnos contextos que encajan con las tres generaciones, aunque la tercera sea la más frecuente.

10: Esto ocurre en particulares, que recurren a servicios como Google Docs, pero también en empresas, donde por ejemplo Netflix subcontrata toda su infraestructura a Amazon Web Services.

1.3.2 Modelos arquitectónicos

Una vez sabemos quiénes y dónde estamos, es importante saber cómo nos relacionamos. A nuestra imagen y semejanza, tenemos todo un abanico de relaciones, de las más verticales a las más horizontales. El modelo estrella es el de cliente-servidor, donde una máquina tiene las responsabilidades y otra tiene las demandas. Una provee y la otra (generalmente, más de una) piden. En tiempos feudales, en las décadas de los sesenta y setenta del siglo pasado, el modelo era extremo, casi de vasallaje. No había muchos ordenadores, y generalmente los clientes eran apenas el final de un cable, *terminales* con una pantalla y un teclado, pero sin capacidad de cálculo. La ventana de terminal, con su fondo negro y su misticismo, es una reminiscencia de aquel terminal físico. Un terminal no computa, así que es el cliente total: todo tiene que solicitarlo al servidor, que provee resultados de programas, llamadas al sistema o archivos.

Este sistema va cambiando con el tiempo, y el cliente se vuelve más competente: tiene su memoria, su sistema operativo, corre sus propias aplicaciones y almacena sus archivos. El servidor se vuelve por tanto un proveedor de servicios específicos. Además, el rol de servidor y cliente son circunstanciales, un servidor nos puede proveer ciertos datos, pero solicitar como cliente datos a otro servidor de un orden distinto o superior. Con la explosión en los 90 de los ordenadores personales e Internet, el servidor se enfrenta al problema de todo monarca: cómo dar servicio a una gran cantidad de súbditos. Así, aparecen los servidores replicados (con todos los problemas que conllevan, como veremos en el capítulo 7), los servidores proxies (para balancear la carga o redirigir peticiones de clientes a distintos servidores 'reales') y los estratos de servidores (como, por ejemplo NTP, ver capítulo 3.2.3). Por otro lado, la capacidad de almacenamiento y cálculo del cliente, a menudo infrautilizada, se aprovecha de distintos modos. El crowdsourcing, por ejemplo, hace uso de ciclos de CPU de muchas máquinas pequeñas de clientes para hacer cálculos complejos. Casi todo servidor web confía en la capacidad de procesamiento y almacenamiento de los clientes para plagar sus páginas de código javascript que se transfiere y ejecuta en nuestros navegadores. Muchos servidores dan sus servicios 'gratis' a cambio de acceder a las pautas de comportamiento de los recursos 'al otro lado' de la red: nosotros mismos.

El sistema cliente-servidor sigue siendo la arquitectura fundamental de la red, pero a partir de 2000 entra en escena otra filosofía diametralmente opuesta: las redes de pares (capítulo 6). Aquí, la responsabilidad es compartida, al igual que los privilegios, entre todos los miembros de la red.

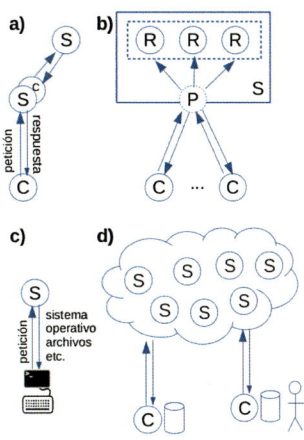

Figura 1.2: a) En el modelo cliente-servidor básico, un nodo cliente (C) pide (datos, programas, archivos) a otro nodo servidor (S). Un servidor puede a su vez ser cliente de otros. **b)** Según crece la demanda de un servidor, se suele recurrir a réplicas coordinadas (R) y/o a servidores proxy (P) que no procesan las peticiones, sino que las redirigen para balancear la carga. Estos conjuntos de servidores requieren una inversión y mantenimiento mayor, y ser capaces de mantener la consistencia entre réplicas (ver capítulo 7). **c** El modelo cliente-servidor también varía en función de qué se solicite al servidor. En su versión más extrema, la de un terminal sin capacidad de cálculo en los años 70, se depende absolutamente de todo. **d.** Actualmente un cliente suele tener mucha capacidad de cálculo y almacenamiento. Muchos de los servicios que se solicitan a la nube son en aras a la ubicuidad de recursos o a la facilidad de uso. También puede que el cliente convierta su capacidad de cálculo, de almacenamiento o incluso el trabajo o comportamiento humano al otro lado como un recurso utilizado por el servidor u otros clientes, invirtiendo en cierto sentido el modelo.

1.3.3 Modelos de comunicación

Determinar qué es lo que esperamos de una comunicación entre máquinas también es muy importante. En este sentido, la pregunta más relevante es si podemos esperar respuesta a una petición en un tiempo límite máximo, o no. Esto definirá si un modelo es *síncrono* o *asíncrono*. En la mayoría de los casos, a no ser que estemos en una red local muy controlada, deberemos considerar nuestros sistemas distribuidos como asíncronos, y hacer las menores asunciones posibles respecto a la temporalidad de los mensajes.

1.3.4 Modelos de fallos

Por último, es importante tener al menos una idea de qué puede salir mal. En un sistema distribuido, todo puede fallar, pero casi nunca falla todo. Es decir, es raro que se caiga todo el sistema, pero es frecuente que alguna parte no funcione correctamente. Todo programador sabe que los errores fáciles son aquellos en los que la máquina para y salta un error en rojo. El problema es cuando sigue funcionando, pero no hace lo que queremos. En sistemas suficientemente complejos, este es el caso con frecuencia. En un sistema distribuido, puede fallar una o más máquinas (clientes o servidores), o puede fallar el canal de comunicación en algún lugar. Además, estos fallos pueden ser 'limpios' (el servidor se cae, el cliente se desconecta, perdemos la conexión) o 'arbitrarios' (p. ej. el servidor tiene retardos impredecibles, el cliente hace peticiones maliciosas, o los mensajes de la red se corrompen). En general, en muchos casos consideraremos un modelo de *comunicación fiable*, para abstraernos de los problemas de red cuando estemos estudiando alguna técnica de coordinación. También consideraremos normalmente que los procesos no fallan. El modo de actuar cuando haya procesos con fallo por caída lo trataremos en el capítulo 4.2, mientras que los fallos arbitrarios se tratarán en el capítulo 4.4.

1.4 Siete ideas fundamentales

Al estudiar las soluciones para distintos problemas en el ámbito de los sistemas distribuidos, hay ciertas ideas, o estrategias, o filosofías, que aparecen de forma recurrente. Vamos a explicitarlas aquí, pues sobre ellas orbitará con frecuencia la discusión:

▶ **Sondeo y ejecución**: la toma de decisiones, si quiere tener en cuenta a todas las partes, requiere de dos fases, una consulta sobre las opiniones, y tras escuchar las posturas, una toma y adopción de decisiones. Estas dos fases, sondeo y aprobación, son vitales en muchos procesos, ya sea la elección de procesos (capítulo 4.2.1), la difusión ordenada de mensajes (capítulo 4.3.3), la toma de consensos (capítulo 4.4.2) o la replicación activa (capítulo 7.1.2).

▶ **Vector de estados**: cada nodo en un sistema distribuido solo tiene un modo de obtener información de otros: hablando con ellos. A nuestra imagen y semejanza. Eso se hace con estrategias como la de sondeo-ejecución, pero también podemos ir almacenando en memoria local lo último que conocemos sobre otros nodos. Nunca será información absolutamente actualizada, pero sí puede ser suficiente en muchos casos. Será generalmente información minimalista, a menudo simplemente un vector de números enteros como en los casos de los relojes lógicos (capítulos 3.3, 3.4) o la multidifusión ordenada (4.3.2).

▶ **Promesas**: muchos sistemas, sobre todo si buscan mejorar el rendimiento (siempre a costa de la robustez), confían en que sus nodos usen promesas de algún tipo: aviso de cambios en los archivos (capítulo 5.2), compromiso con un valor propuesto (capítulo 4.4.2), o con un permiso concedido (capítulo 4.1.4).

▶ **Conocimiento solapado**: a veces no queremos, o no podemos, almacenar toda la información en un solo nodo. Por motivos de rendimiento o privacidad, se puede 'democratizar' el conocimiento repartiéndolo entre los distintos nodos del sistema distribuido. Para que el conocimiento no se pierda y este método sea eficiente, como en el mundo humano, cada dato debe conocerlo un grupo suficientemente grande de nodos. Este conocimiento solapado nos va a permitir ubicar nodos o compartir información de manera descentralizada (capítulo 6), tomar decisiones en entornos no fiables (capítulo 4.4.2) o conocer el estado de una sección crítica (capítulo 4.1.4).

▶ **Mayorías**: como en la sociedad, muchas veces la única manera de avanzar decisiones es mediante sistemas de mayorías. Confiando en que la mayoría quiere lo mejor, podemos identificar nodos defectuosos (4.4.1) o asegurar consensos (capítulos 4.4.2, 4.4.3).

▶ **Hash**: la pérdida de consistencia en la información contenida en un sistema distribuido va a ser un problema importante. Generar una clave criptográfica de los datos es una estrategia común, bien para garantizar que los datos no se han corrompido (capítulos 6, 8.2), o que no han cambiado (capítulos 7, 5.3).

▶ **Cotilleo**: a menudo, podemos aprender mucho del estado del sistema a partir de informaciones de terceros. De este modo, nos ahorramos mensajes directos. Como en el mundo real, el cotilleo es una forma eficiente (aunque no siempre fiable o actualizada) de transmitir información. Algunos ejemplos de cotilleo los podremos ver en los capítulos 7.1.1, 4.4.3, 3.4.

1.5 Robando un banco

Si vamos a organizarnos, vamos a organizarnos para algo que merezca la pena. Si pensamos en todo lo que damos por hecho cuando empezamos a organizarnos para robar un banco, da vértigo. En primer lugar, damos por hecho que existe el aire. En el vacío, no podemos comunicarnos. Marta Peirano, en *El Enemigo Conoce el Sistema* [7] relata de manera magistral la increíble gesta que fue la construcción de la infraestructura por la que posiblemente más destaque nuestra civilización: las comunicaciones digitales[11]. Que son muy analógicas: kilómetros y kilómetros de cobre y fibra tirados de aquí para allá. Ese 'aire' digital es condición fundamental para que comencemos a hablarnos. Los protocolos de Internet serían más o menos la transmisión del sonido. El hardware, los cuerpos. El software, los cerebros. Todo ello tiene que estar perfectamente listo antes de que podamos planear cómo robar un banco.

O cómo ver una foto de un gatito. Menudo cisco para ver la foto de un gatito. Transcribo aquí la reflexión de Randall Munroe en su tira cómica xkcd:

> "Un procesador a 64x está gritando a billones de ciclos por segundo para ejecutar el kernel XNU, que a su vez está trabajando frenéticamente a través de toda la abstracción especificada por el estándar

11: Una copia de este capítulo, autorizada por la autora para consumo de los estudiantes de la asignatura Sistemas Distribuidos de la USAL, se encuentra aquí.

POSIX para crear el sistema Darwin que corre por debajo de OS X, que a su vez está esforzándose por ejecutar Firefox y su renderizador Gecko, que crea un objeto Flash que renderiza docenas de frames de vídeo por segundo.

Todo porque quiero ver a un gato saltar a una caja y caerse.

Soy un dios".

Munroe se ha centrado en lo que pasa en el sistema operativo y sus aplicaciones, que es mucho, pero se ha dejado todo lo que pasa entre el navegador de Firefox y el servidor de vídeos de gatitos, que tampoco es poca cosa. Trataremos de completar el dibujo en este libro.

Al tema: robemos un banco. Vale, somos todos seres funcionales con brazos piernas y cerebros más o menos capaces, que no vivimos en el vacío del espacio, así que podemos respirar y comunicarnos. Ahora empieza lo bueno: ¿hablamos todos el mismo idioma? Si no, difícilmente vamos a poder organizarnos para robar el banco. ¿Tenemos sincronizados los relojes? Vaya risa si uno llega tarde al atraco. ¿Tenemos un plan? Hace falta tener claro quién es el jefe (o si hay jefe), quién conduce, qué hacemos si alguien nos traiciona. Comunicación, sincronización y acuerdo son tres elementos básicos de la organización. Para robar un banco, para dar una clase y también para organizar tareas entre distintas máquinas.

COMUNICACIÓN, SINCRONIZACIÓN Y COORDINACIÓN

Comunicación: Oestron | 2

J. R. R. Tolkien inventó muchísimos lenguajes, desde el Númenóreano hablado por los primeros humanos, pasando por el Quenya de los elfos, hasta la Lengua Negra de Sauron. En la torre de Babel de la Tierra Media hacía falta un lenguaje común, el Oestron, para que se entendieran enanos, elfos, humanos, hobbits y orcos. Más o menos como el inglés en nuestro mundo.

Entre los ordenadores también tenemos distintas razas: arquitecturas de 32 y 64 bits, procesadores Intel y AMD, sistemas operativos Android, GNU/Linux, Windows, MacOS. Todo ello forma lo que llamamos la plataforma de cada máquina, sobre la que corren programas en distintos lenguajes: C, Java, Python, *you name it*. Vaya, resulta que teníamos la opción de hacer un mundo perfecto en el que todas las máquinas se entendieran y hemos terminado repitiendo la torre de Babel. Again. A nuestra imagen y semejanza.

Vamos a necesitar pues, para organizarnos robando el banco, un lenguaje común. El Oestron en sistemas distribuidos se llama *middleware*, una suerte de capa software que ponemos sobre la plataforma a la manera en que ponemos una alfombra para tapar la sangre de un cadáver. Ocultan los aspectos más feos de la heterogeneidad subyacente. El middleware tiene principalmente dos tareas: por un lado hablar un lenguaje común, pero por otro estandarizar la comunicación.

2.1 Modelo de petición-respuesta

"¡Dos de croquetas!" "¡Oído, cocina!". Aunque hablemos el mismo idioma, no siempre escuchamos bien. A veces hay mucho ruido, otras veces no te hacen caso, como me pasa con mi hija. Toca pedir confirmación, y repetir si hace falta. Esto mismo es lo que van a hacer las máquinas, mediante el método conocido como Petición-Respuesta (Request-Reply). Siempre que una máquina solicite algo, ya sea una página web a un servidor[1] o la petición remota de apagado de un equipo, necesitamos este tipo de 'protocolo' para asegurar que la comunicación se ha producido. El modelo es muy simple, un intercambio de información requiere un mensaje de ida que explique claramente lo que se desea (petición) y uno de vuelta

1: HTTP GET es la petición, y la respuesta puede ser un OK (código 200) u otro (por ejemplo 404, no encontrado).

Figura 2.1: Modelo de petición-respuesta. El modelo soporta tres versiones: petición, petición-respuesta, o petición-respuesta-acuse. Como ejemplo, el funcionamiento de WhatsApp del 'bluetick' sería la versión clásica de petición-respuesta. Nótese que la mera recepción de un mensaje no implica que se haya procesado: puede perderse en el buzón, ocurrir algún problema en el receptor, o en la comunicación de la respuesta.

2: Esto se puede ver, en cierto modo, como una externalización de costes: si lo puede hacer tu cerebro, nos lo ahorramos en Netflix. Lo mismo pasa con los frontends en JavaScript: es nuestra máquina, con sus ciclos y la electricidad que pagamos nosotros, la que ejecuta esa web tan bonita de una empresa.

(respuesta) que confirme la recepción del mensaje original, y si es necesario, retorne la información requerida (ver fig. 2.1).

Si tan solo buscamos remitir una información poco importante o que no necesita acuse de recibo, podemos evitar la respuesta (el protocolo se llama entonces Request, simplemente). Es lo que hacen los servidores a los que se suscriben clientes para obtener datos de predicción atmosférica. O lo que hace Netflix cuando envía frames de vídeo. Netflix no pide confirmación de que han llegado, confía en que lo hacen. Y si no llegan, no es importante, porque la pérdida de un fotograma es algo que nuestro cerebro puede tolerar[2].

Si necesitamos acuse de recibo por si la petición se perdió, debemos tener en cuenta que tal vez también se puede perder el acuse de recibo. Si pido dos de croquetas y lo oyen en la cocina, pero yo no oigo su respuesta, puede que se lo repita y ellos crean que es un pedido nuevo, y nos encontremos con cuatro de croquetas (que si hay que comerlas se comen, vaya).

Para evitar repetir peticiones, en cocina pueden tener un historial de pedidos, y si se oye algo repetido, ignorarlo, asumiendo que no se enteraron de que ya les habías oído. Así funciona el protocolo Petición Respuesta Acuse (Request Reply Acknowledge), en el que el servidor mantiene un registro de pedidos recientes, que limpia cuando reciba acuse de que se han enterado de que me he enterado. No obstante, no siempre es necesario controlar la repetición de peticiones, solo es necesario cuando implica una modificación del estado de las máquinas (p. ej. cocinar croquetas de más). Cuando las peticiones son consultas, no pasa nada si se repiten (p. ej. preguntar a cocina qué hora es).

En cualquier caso, el protocolo más frecuente es el modelo básico: petición-respuesta. Este es el modelo que usa TCP, el protocolo de transporte de Internet. Sobre esta capa de transporte se construye la capa de aplicación, donde tenemos HTTP, el protocolo de transferencia de hipertexto, que como veremos será clave en los servicios que definimos para la Web 3.0, la Red Semántica.

2.2 SGHTXML

Antes de XML nació HTML, y antes de HTML nació SGML. De hecho, el nieto (XML) se parece bastante más al abuelo (SGML) que al padre (HTML). ML es el acrónimo de "lenguaje de marcas" (*markup language*), es decir, un lenguaje que usa etiquetas especiales o marcas. Es texto normal que, usando texto normal, se vuelve estructurado[3]. Por ejemplo, en XML, si quiero dar información sobre una persona, en vez de decir "Fulanito nació en 1980 en Oslo" puedo escribir:

```
<Persona>
<nombre>Fulanito</nombre>
<nacimiento>1980</nacimiento>
<ciudad>Oslo</ciudad>
</Persona>
```

Así, usando texto estructurado, que construyo usando a su vez texto más algunos metacaracteres como <>, puedo definir a una persona y librarme de las ambigüedades del lenguaje natural. De este modo una máquina puede entender de qué estamos hablando. SGML es el lenguaje que propusieron, en los años 60, Goldfarb, Mosher y Lorie[4], para compartir documentos entre máquinas, y que estas los pudieran interpretar automáticamente. Sin embargo, Internet apareció de por medio y Tim Berners-Lee, padre fundador, propuso HTML en 1993 para compartir documentos de texto que referenciaran a otros textos, y que fueran legibles por humanos (¡qué barbaridad!). No fue hasta unos años más tarde que se recuperó la idea original de GML y se publicó XML en 1998.

3: Salvando las distancias, es un poco como lo que hace la cadena de ADN. Contiene el código necesario para construir proteínas, muchas de las cuales actúan a su vez sobre la propia cadena. ¡Texto consciente de sí mismo!

4: Sí, aunque los informáticos parezcan seres aburridos, les gusta juguetear con lo de poner acrónimos que coincidan con sus nombres.

2.3 JSON

JSON (JavaScript Object Notation) es el primo marchoso de XML. Nacido en 2001 para suplir la carencia de tipos en JavaScript, se trata de un lenguaje de marcas más simple que XML, lo cual le ha garantizado el éxito como lenguaje común entre máquinas. La información de Fulanito vista anteriormente tiene esta pinta en JSON:

```
{"nombre": "Fulanito", "nacimiento": 1980, "ciudad": "
    Oslo"}
```

JSON utiliza algunos metacaracteres más que XML ({}, [], , y : principalmente) aligerando así la cantidad de etiquetas necesarias. Un objeto en JSON puede ser sensiblemente más pequeño en número de caracteres que en XML, aunque se pierden algunas características que aporta XML, como los comentarios. En todo caso a día de hoy existen también versiones simplificadas de XML que igualan en tamaño a JSON.

2.4 La web semántica

La web semántica es una cabriola conceptual. Se llama semántica porque busca hacer Internet legible para las máquinas. Pero lo importante para que las máquinas puedan 'leer' Internet es darles una *sintaxis* estricta (XML o similares) para que ellas 'entiendan' su significado. Tal vez debiera llamarse la web sintáctica. Como dice un amigo mío: "de la precisión terminológica nace la comprensión". Cuestiones etimológicas aparte, la web semántica es ya una realidad: prácticamente todo servicio en Internet tiene una API para acceso programático, es decir, para acceder a los datos de su servidor mediante una máquina.

El método de comunicación más utilizado es REST, un paradigma basado en:

- ▶ HTTP para la comunicación.
- ▶ XML (o JSON) para la representación común de datos.

Facebook, Google, o la Agencia Española de Meteorología permiten, con variaciones sobre este esquema, acceder a sus datos a través de programas. El potencial de datos accesibles al alcance de un programador un poco espabilado es simplemente abrumador. Otra cosa es que las grandes empresas limiten los accesos, bien económicamente o permitiendo el acceso a lo que ellas quieren, pero en cualquier caso hay mucha información al alcance de una petición REST.

2.5 REST

REST (REpresentational State Transfer) es la propuesta de la tesis doctoral de Roy Fielding en 2000 [14]. Propone una solución inteligente: si queremos comunicar máquinas, lo mejor es basarnos en lo que sabemos que funciona. ¿Y qué había tenido un éxito incuestionable para comienzos del tercer milenio? Los protocolos de Internet, especialmente HTTP, que como método de comunicación había superado en la práctica todos los obstáculos propios de la heterogeneidad de plataformas subyacente a la red. HTTP transfiere texto (de ahí sus dos 'T'), y el texto es la unidad de datos mínima en la que podemos garantizar homogeneidad. Por debajo del texto, los bits y los números pueden variar en su representación o forma de almacenamiento entre arquitecturas y codificaciones. Por encima del texto, las definiciones tienden a multiplicarse y especializarse demasiado. El texto es suficientemente complejo como para poder autorreferenciarse con lenguajes de marcas como XML o JSON, y suficientemente sencillo para existir un tipo 'básico' *string* en cada lenguaje de programación. Por tanto, transferir texto es la clave, la transferencia en sí nos la garantiza HTTP, y utilizar XML/JSON en lugar de HTML nos da la riqueza semántica y la rigidez sintáctica mínima para que las máquinas entiendan esos datos de manera estructurada.

La solución de Fielding superó rápidamente todas las propuestas de la industria y la academia[5] y es el estándar *de facto* que usamos para la comunicación entre máquinas, que ha pasado a conocerse como 'servicio web'. Cada propuesta previa había funcionado solo parcialmente por la exigencia de protocolos o estándares que no siempre casaban bien con las necesidades o preferencias de los programadores. A nuestra imagen y semejanza: a nadie le gusta acatar más reglas de otros, y a todo el mundo le gusta promulgar las suyas. REST, con su definición minimalista basada en estrategias ya implantadas, logró un éxito inmediato[6].

5: CORBA, RPC, RMI, SOAP.

6: Fielding no pudo evitar intentar imponer su propio estándar sobre este concepto, que se llama RESTful y limita -con buen criterio- las semánticas de servicio a las cuatro operaciones básicas en HTTP: GET, PUT, POST y DELETE. No obstante, no se ha adoptado de forma generalizada.

2.5.1 Cómo funciona

Mira un momento la dirección que hay en la pestaña que tienes abierta en el navegador. Es posible que se parezca un poco a la mía:

```
https://duckduckgo.com/?q=Server+schema&t=ftsa&atb=v211
    -1&iar=images&iaf=color%3AMonochrome&iax=images&ia=
    images
```

Como se puede observar, la mayor parte de una URL no la ocupa el protocolo de comunicación (http) ni el nombre del dominio (duckduckgo.com) sino una retahíla de pares clave-valor separados por '&' e iniciados por '?'. Esta parte de una URL, que llamamos la petición, contiene argumentos para que el servidor (duckduckgo) modifique su respuesta en función de dichos parámetros. En este caso, podemos desentrañar tal vez que lo que yo estaba haciendo es buscar mediante DuckDuckGo imágenes a color de esquemas de servidores en inglés. La cantidad de subtexto que se envían las máquinas a partir de nuestras órdenes a veces es ingente.

El caso es que este formato es directamente el que va a utilizar REST para sus peticiones, ya que se apoya en el formato de HTTP. La dirección del servidor REST al que va dirigida la petición se indica igual que para un servidor normal, generalmente modificada o seguida de una subruta que hace referencia a su API[7], y dentro de ella el nombre del servicio al que queremos

7: Se ha generalizado el uso de API o aplicación programática para referirse a la parte del servidor que se puede acceder de manera automática como servicio web.

acceder seguido de sus atributos. Por ejemplo, la página de referencia de la API de The Movie DB nos explica que, para obtener los detalles de una película, tendríamos que hacer la siguiente petición REST:

```
GET https://api.themoviedb.org/3/movie/{movie_id}
```

- ► GET es el tipo de petición HTTP a realizar, pues es una consulta de información en la que esperamos la respuesta. Podría ser PUT o POST si quisiéramos (o pudiéramos) modificar o añadir información, o DELETE si quisiéramos eliminarla.
- ► https:// indica el protocolo, REST se basa en HTTP.
- ► api.themoviedb.org/3/ es la ubicación del servidor, en su versión 3 de la API.
- ► movie/ es el recurso al que queremos acceder.
- ► {movie_id} hace referencia al argumento que tenemos que modificar para acceder a un recurso de película en concreto.

La respuesta a esta petición es un objeto JSON con muchos campos sobre la película, algunos de ellos en listas ([]), por ejemplo los lenguajes en los que está traducida. La película con movie_id=550 retorna un objeto JSON que comienza así:

```
{
    "adult": false,
    "backdrop_path": "/hZkgoQYus5vegHoetLkCJzb17zJ.jpg",
    "belongs_to_collection": null,
    "budget": 63000000,
    "genres": [
    {
        "id": 18,
        "name": "Drama"
    }
    ],
    "homepage": "http://www.foxmovies.com/movies/fight-
club",
    "id": 550,
    "imdb_id": "tt0137523",
    "original_language": "en",
    "original_title": "Fight Club",
    "overview": "A ticking-time-bomb insomniac and a
slippery soap salesman channel primal male
aggression into a shocking new form of therapy.
Their concept catches on, with underground \"fight
clubs\" forming in every town, until an eccentric
gets in the way and ignites an out-of-control spiral
 toward oblivion.",
    "popularity": 84.078,
    ...
```

Es frecuente hacer unas primeras pruebas de la API en la propia página del servicio, o a través del navegador o del terminal (*curl*), antes de empezar a explotarlo programáticamente desde un lenguaje, a menudo a través de wrappers o bibliotecas destinadas a facilitar la construcción de las URLs.

Con esto, podemos dar por solucionada (a día de hoy) la comunicación entre máquinas de manera programática. Si queréis crear vuestros propios servicios, podéis consultar este seminario de la asignatura Sistemas Distribuidos que proporcionamos bajo licencia abierta en la Universidad de Salamanca (en Java) o en este otro seminario de la asignatura Sistemas de Información Orientados a Servicios (en Python, con detalles sobre autenticación).

2.6 Microservicios

Un microservicio es un servicio pequeño, que tiene una funcionalidad muy definida y minimalista[8]. Se trata de un estilo de diseño de servicios popularizado a partir de 2011 y potenciado por Netflix, que actuará como uno de sus mayores evangelistas, al liberar gran parte de su código interno desarrollado bajo este esquema. Los microservicios son piezas pequeñas que se pueden interconectar para realizar tareas más complejas, de manera similar a un juego de construcciones para niños.

8: Bebe de la filosofía de los comandos UNIX: hacer una sola cosa, pero hacerla bien.

Esta arquitectura acelera los tiempos de desarrollo y favorece la comprensión de los servicios, sencillos, por parte de programadores que no estén muy familiarizados con el sistema total. En un entorno con alta movilidad de trabajadores, esta es una ventaja, evitando la aparición de empleados 'indispensables' que son los únicos que conocen las tripas del sistema[9]. Este modelo es posible en el entorno de la red moderna, ancha y rápida: interconectar las salidas y entradas de muchos microservicios no resulta penalizado por los tiempos de red.

9: Pasando tal vez al otro extremo, ahora nadie en la empresa sabe muy bien cómo son sus tripas.

Sincronización: las máquinas marcan el ritmo | 3

Tener acceso a la información de manera programática es suficiente para muchas aplicaciones. Sincronizarse, a distintos niveles de precisión, es el siguiente paso, necesario si el tiempo es una variable importante para lo que queramos hacer. Cada ordenador lleva dentro un reloj de cuarzo. Este reloj funciona como los relojes de pulsera, gracias al efecto piezoeléctrico. El cuarzo tiene la propiedad de alterar su forma ligeramente cuando se ve sometido a un potencial eléctrico. Un cristal de cuarzo en forma de diapasón oscila a una frecuencia constante, y podemos usarlo igual que el péndulo de un reloj de pared, para medir el paso del tiempo [15]. Un ordenador traduce los 'ticks' físicos (las oscilaciones del cuarzo) a segundos y, gracias a un registro interno, los suma a un valor base para obtener la hora actual[1].

Esto podría ser suficiente para tener una hora común en las máquinas, pero los relojes se ven sometidos a problemillas que pueden hacer que se retrasen o adelanten. Aunque la tecnología es bastante precisa, hay condiciones de presión, humedad, temperatura y, sobre todo, el desgaste de la pila que aplica el voltaje, que tienden a hacer que los relojes de distintas máquinas se vayan desincronizando con el paso del tiempo[2].

Para evitar que los ordenadores terminen yendo a su bola, tenemos que montar un sarao importante. Si lo estudiamos en detalle, llegamos a la conclusión de que el tiempo no existe, o al menos, que es imposible tener una referencia exacta e inmutable para determinar en qué momento estamos. Esto nos llevará a descartar los relojes si queremos sincronizar máquinas en condiciones. Pero vayamos por partes.

El sol sale por el este y se pone por el oeste. Esta ha sido la forma -local- de medir el tiempo durante siglos. La 'globalización' del tiempo ocurre a finales del siglo XIX, a través del estándar universal GMT[3] que nos permite definir husos horarios comparables. Por definición, esto puede tener un error de hasta una hora, de extremo a extremo de un huso[4]. Esto es suficiente para la mayoría de las tareas humanas, por ejemplo para quedar a una hora para vernos por videoconferencia con un familiar que vive en Chile. Es una medida cuya referencia es la posición relativa del Sol respecto a la Tierra, que tiene en cuenta su redondez y cómo esto influye en la perspectiva de los habitantes del planeta en distintos husos horarios.

1: Por ejemplo, en sistemas UNIX es el 1 de enero de 1970.

2: Curiosamente, es lo contrario a lo que le pasa a un grupo de metrónomos si los ponemos todos juntos sobre una superficie basculante. Este fenómeno, conocido como 'oscilación emparejada' lo descubrió Huygens en 1665, con dos relojes de péndulo puestos uno al lado del otro (sin necesidad de superficie basculante). Es un fenómeno vital en el diseño de láseres, por ejemplo. También aparece en la naturaleza, ya sea en las células cardíacas para regular el ritmo del latido, en los aplausos de los espectadores tras un concierto, o en la sincronización de los grillos al cantar. En todos estos casos, la clave es que hay una conexión física, aunque sea sutil, entre las entidades que se sincronizan, algo que no ocurre entre máquinas [16].

3: Greenwich Meridian Time. Es una universalización con nombre de pueblo local inglés. Toda globalización tiene matriz inglesa, aparentemente.

4: O más, si aplicamos los husos de Alemania a España, como hacemos por cortesía de Franco.

Esta medida se ha perfeccionado mediante satélites GPS y la posición relativa a astros más lejanos, y por tanto menos 'movidos' que el Sol. Se conoce como Tiempo Universal (UT1) y es la hora que usamos en nuestra vida cotidiana. Sin embargo, para procesos que requieran un error menor a un segundo, la rotación de la Tierra no es la mejor opción. Porque –spoiler– la Tierra se está parando. No es algo que vaya a ocurrir mañana, pero principalmente debido al efecto de atracción sobre las masas de aguas que ejerce la Luna (efecto de marea), la Tierra se frena poco a poco (ver fig. 3.1). Se trata apenas de un segundo cada pocos años, pero es suficiente para estropearnos el tinglado.

Necesitamos otra medida. Hijo de su tiempo, en plena era nuclear, el 1 de enero de 1960 se implementa el Tiempo Universal Coordinado (UTC), que confía en la oscilación entre estados del átomo de Cesio 133. Es una oscilación mucho más constante que la del cuarzo o la rotación de la Tierra: un reloj atómico se desvía 1 segundo cada miles de millones de años. Es tan preciso que la definición de segundo cambió en 1967 a '*la duración de 9,192,631,770 oscilaciones de la radiación emitida en la transición entre los dos niveles hiperfinos del estado fundamental del Cesio-133*'. Además, se estima a partir de 450 relojes atómicos en 80 laboratorios de todo el mundo, dando un Tiempo Atómico Internacional (TAI) que se usa como referencia para el UTC.

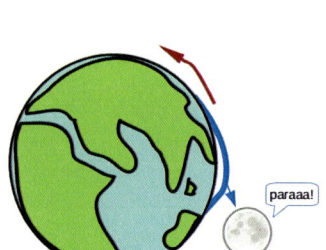

Figura 3.1: El efecto gravitacional de la luna sobre la Tierra frena ligeramente su rotación, por la atracción de sus masas de agua.

5: Esta es una característica novedosa de la oscilación atómica: es más estable que la propia rotación de la Tierra. Antes de 1955, todo sistema de medida del tiempo era *menos* estable, y debía corregirse en base a la oscilación terrestre.

Pero como la Tierra va 'arrastrando los pies' por el efecto de marea, va perdiendo segundos respecto a la mucho más estable oscilación atómica[5]. Desde su adopción en los 60, ha habido que restarle 37 segundos al TAI para que vaya al ritmo de la Tierra. La era atómica va revolucionada, pero decidimos ir acompasándola a la era geológica. Estas correcciones, llamadas segundos de salto o segundos intercalares, deben hacerse periódicamente, y suponen un auténtico dolor de cabeza científico y tecnológico. Por ejemplo, el segundo añadido en 2015 confundió a Android o a Twitter, entre otros [17]. El dolor de cabeza llega a ser diplomático, o incluso filosófico. En 2012, algunos científicos chinos del panel de expertos internacional que se encarga de introducir los segundos de salto, se negaron a la 'abolición' del segundo de salto, que conllevaría la desincronización del tiempo geológico (UT1) respecto al atómico (TAI). Esta abolición se había propuesto para evitar los posibles problemas técnicos con satélites GPS u otros dispositivos o aplicaciones. Su argumentación fue que, en la cultura china, era importante mantener un enlace entre el tiempo civil y el astronómico[6]. La decisión se pospuso hasta 2022, año en el que se decidió separar ambos tiempos y dejar de corregir el TAI

6: A los rusos tampoco les hace gracia, pero por otros motivos. Su sistema de posicionamiento por satélite, GLONASS, sí tiene en cuenta los segundos de salto y se adapta fácilmente a su inclusión, mientras que el sistema estadounidense, GPS, no tiene tanta facilidad para integrarlos.

con segundos de salto para adaptarse al UT, algo que ocurrirá en 2035 [18]. Es un tiempo despreciable a escala humana, pero la Tierra seguirá su ritmo, y nosotros aceleraremos. Vaya un símbolo de los tiempos: la era digital ha conseguido lo que no consiguió la era atómica. Las máquinas marcan el ritmo.

Bonus track: el cambio climático marca el ritmo

Un artículo de 2024 en *Nature* [19] nos recuerda que existen otros factores que afectan a la velocidad de rotación de la Tierra. Los movimientos de las masas de agua y aire, mente debidos a cambios de temperatura, tienen un efecto importante, si bien no siempre en el mismo sentido, con lo que no suelen ser un factor determinante para la aceleración o desaceleración del planeta. El movimiento de material fundido en el núcleo terrestre es otro factor muy importante, pero con efecto generalmente a largo plazo. Sin embargo, el deshielo de los polos está incrementando la masa de fluido en superficie, y puede estar contribuyendo a la aceleración de la Tierra. Esto podría hacer necesarios segundos de salto 'inversos': corrigiendo al alza en vez de a la baja el UTC. Pocos sistemas informáticos están preparados para restar segundos de salto arbitrariamente, y probablemente ninguno para *sumarlos*. Tal vez la relajación de la sincronización entre TAI y UT decidida para 2035 llegue antes de lo previsto.

3.1 Luz de estrellas

La cuestión de fondo es que las máquinas no necesitan medir el tiempo como lo hacemos nosotros. Ni TAI, ni UTC, ni UT1. Todos estos sistemas de tiempos son, intrínsecamente, una fuente de error para una máquina. No es un problema para un sistema a 'digerir' por un humano, como WhatsApp, donde tenemos tolerancia de errores por debajo del segundo y podemos aceptar pequeñas incongruencias[7], pero sí lo es para un sistema de comunicación militar, para la coordinación del tráfico aéreo o para los movimientos en bolsa, por poner algunos ejemplos.

7: Es común que dos personas en un grupo de WhatsApp reciban mensajes que se han enviado concurrentemente en distinto orden.

Imagina que te pido la hora. Miras el reloj: son las 11 horas, 55 minutos, 12 segundos y 315 milisegundos. En lo que miras el reloj, procesas esa información, la articulas en palabras, fluye por el aire, se recibe en mis oídos y la entiende mi cerebro, ya no son las 11:55:12:315. Estoy viendo la luz que emitieron las estrellas hace tiempo. Salvando las distancias, claro, porque es

8: NTP (Network Time Protocol), el protocolo más antiguo de Internet (RFC958), permite sincronizar todos los dispositivos a servidores de tiempo UTC, como por ejemplo satélites GPS.

un retardo despreciable para nuestra vida analógica, pero no para una máquina de precisión. Desde que solicito la hora a un servidor NTP[8] hasta que este recibe el mensaje, lo procesa y recibo el mensaje de respuesta, pasa un tiempo que, además, es imposible de predecir. No puedo saber si el mensaje de ida y el procesamiento tardaron muy poco, pero luego el mensaje de respuesta se atascó en algún router porque se incrementó el tráfico en ese momento, o si ocurrió justo lo contrario. Por lo tanto, no puedo más que asumir, en un entorno complejo como es Internet, que el tiempo del servidor al que me quiero sincronizar es un tiempo pasado, y que no sé exactamente cuánto antes ocurrió. Siempre va a llevar aparejado un error.

Aquí entra en escena una estrella que brilla poco en el olimpo de los dioses de la informática: Leslie Lamport. Al contrario que Ada Lovelace, Alan Turing, Tim Berners-Lee, Brian Kernighan, Dennis Ritchie o Richard Stallman, Lamport no se conoce fuera de círculos muy cerrados. Sin embargo, este matemático que trabajó en distintas empresas de software, y que en sus ratos libres creó LaTeX[9], ha desarrollado gran parte de la teoría y los algoritmos que implementan subterráneamente las soluciones distribuidas. Lamport afirmó que, si los tiempos físicos presentaban problemas, debíamos librarnos de ellos por completo y centrarnos en lo que sabemos, sin ningún tipo de error, respecto al tiempo. Este conocimiento se reduce a 1) dentro de cada máquina, sabemos el orden en el que suceden los eventos y 2) respecto a dos máquinas, solo sabemos que un evento sucede antes que otro si el primero es un envío de mensaje y el segundo la recepción de ese mensaje. No podemos hacer ninguna asunción adicional sobre el tiempo en que ocurren los eventos.

9: LaTeX (Lamport TeX, se pronuncia 'latec') es un editor de texto donde el estilo se incluye explícitamente en el texto, y luego se compila para formar el documento. Por ejemplo para escribir **algo en negrita** necesitamos usar \textbf{algo en negrita}. Aunque puede parecer muy ortopédico, nos da libertad total sobre la edición y es muy utilizado en algunos ámbitos, como la edición de artículos científicos. Las distintas implementaciones del lenguaje de marcas Markdown que se utilizan en Wikipedia, GitHub, Reddit o multitud de plataformas de texto online, son herederas más sencillas de esta forma de trabajo. ¡Este libro que tienes entre manos está escrito en LaTeX!

Esta concepción minimalista y aparentemente limitada del tiempo es suficiente para coordinar de manera precisa máquinas, bien para difundir mensajes que lleguen ordenadamente a todos sus destinatarios, en un entorno donde múltiples máquinas difunden mensajes a la vez, o para que múltiples sensores de un avión escriban ordenadamente su salida en el cuaderno de bitácora.

Pero empecemos sincronizándonos al tiempo físico, que va a ser suficiente para muchas aplicaciones.

3.2 Sincronización

No puede ser que vayas a robar un banco y tu compañero de
fechorías llegue tarde. Sincronizarse es una condición clave
para coordinarse, tanto para humanos como para máquinas.
Podemos sincronizarnos de manera interna: es decir, los procesos involucrados estarán sincronizados entre sí, pero no con
el resto de máquinas del mundo. Veremos en este sentido el
algoritmo de Berkeley. También podemos sincronizarnos de
manera externa: de acuerdo con servidores de tiempo que nos
den la hora UTC más precisa posible. Veremos los algoritmos
de sincronización externa de Cristian y NTP.

3.2.1 Algoritmo de Berkeley

Este algoritmo, utilizado para sincronización en la versión de
UNIX desarrollada en la Universidad de California, Berkeley[10],
es un buen ejemplo de sincronización interna [20]. Uno de los
nodos de la red, que llamaremos maestro, aunque el rol es
intercambiable a cualquier otro nodo, inicia la sincronización
multidifundiendo una petición de tiempo al resto. Estos le
responden con sus propios tiempos. El nodo maestro calcula
la desviación media entre los relojes, y difunde a cada nodo el
ajuste que debe realizar en función de dicha desviación (ver
fig. 3.2).

10: Berkeley Standard Distribu-
tion - BSD. Todas estas distribu-
ciones de sistemas operativos antiguos pueden sonarnos aburridas, pero por ejemplo en este caso,
gran parte del código de BSD se
usó para desarrollar el sistema o-
perativo de la PlayStation 3, 4 y 5,
o de la Nintendo Switch.

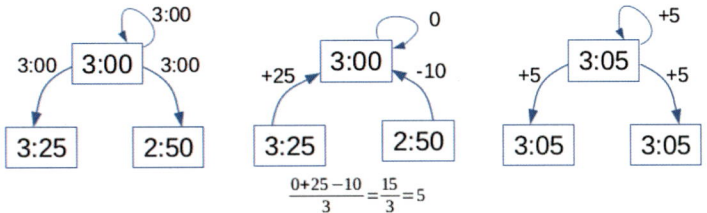

Figura 3.2: Sincronización interna
mediante el algoritmo de Berkeley para tres procesos. El proceso
superior es el maestro. Adaptado
a partir de las figuras del artículo
de los autores [21].

Por simplicidad, el ejemplo de la figura está considerando los
tiempos estáticos, no trata con el problema de 'luz de estrellas'
que hemos descrito. No obstante, el algoritmo de Berkeley sí
que hace una corrección al respecto, similar a la que veremos
en los siguientes algoritmos.

3.2.2 Algoritmo de Cristian

Cristian propone un método sencillo para tratar con el retardo en los mensajes [22]. Sea un nodo maestro M que tiene acceso a un reloj de precisión UTC, y sea S otro nodo que quiere sincronizarse con M. S hace una petición que tarda al menos un T_{min} en llegar a M. M tardará un tiempo en procesar la petición, dependiendo de su carga de trabajo, prioridades, etc. En algún momento durante este tiempo, consultará su reloj C_{UTC} y responderá con un mensaje, que también tardará al menos un tiempo T_{min} en llegar a su destino (ver fig. 3.3).

Al final del proceso, S conocerá tres tiempos: T_0 y T_1, correspondientes al inicio y finalización del proceso; y C_{UTC} retornado por M. Si la comunicación hubiera sido instantánea, S podría simplemente sincronizarse modificando su reloj a C_{UTC}. Sin embargo, por los retardos en la comunicación y el procesamiento, que son imposibles de conocer localmente por S, debe hacer una estimación. Si T_{min} es el tiempo mínimo que tarda un mensaje en enviarse por la red, S deber haber obtenido C_{UTC} en algún momento entre $T_0 + T_{min}$ y $T_1 - T_{min}$. O, dicho de otro modo, entre $T_0 + T_{min}$ y $T_0 + T_{viaje} - 2 \times T_{min}$, siendo $T_{viaje} = T_1 - T_0$. Para minimizar el error que se comete, S se sincronizará al tiempo $C_{UTC} + T_{viaje}/2$, asumiendo que puede estar cometiendo un error de hasta $\pm T_{viaje}/2 - T_{min}$.

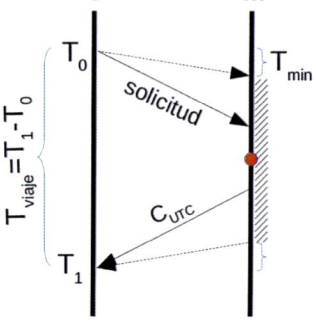

Figura 3.3: Sincronización mediante el protocolo maestro-esclavo de Cristian. La parte sombreada indica todos los posibles momentos en los que C_{UTC} podría haberse calculado desde el punto de vista de S. El punto rojo indica la suposición que hace S dentro de ese rango.

3.2.3 NTP

El protocolo de tiempos de red (Network Time Protocol) es el protocolo más antiguo de la red, y todavía a día de hoy es el protocolo que mantiene la mayoría de nuestros dispositivos con acceso a la red sincronizados a la hora global. Se trata de un modelo cliente servidor relativamente sencillo, que debe escalarse mediante servidores estratificados para dar cobertura a todos los dispositivos que se conectan a la red. Probablemente, tu ordenador o móvil tiene un proceso en segundo plano que se ejecuta al arrancar la máquina[11], y luego periódicamente, para ponerse en hora.

11: En sistemas UNIX, el proceso *ntpd*.

Los servidores NTP de nivel 1 se conectan a la hora UTC proporcionada por satélite. Los servidores de cada nivel por debajo se conectan a la hora de los servidores de nivel inmediatamente superior, perdiéndose un poco de precisión en cada nivel. Nuestras máquinas generalmente se conectan a servidores de nivel 3, aunque NTP propone hasta 15 posibles niveles.

NTP define tres modos de sincronización. La figura 3.4 muestra el funcionamiento de la estrategia más precisa que usan dos de ellos, el modelo simétrico, por el que dos servidores (o un cliente y un servidor) se sincronizan entre sí.

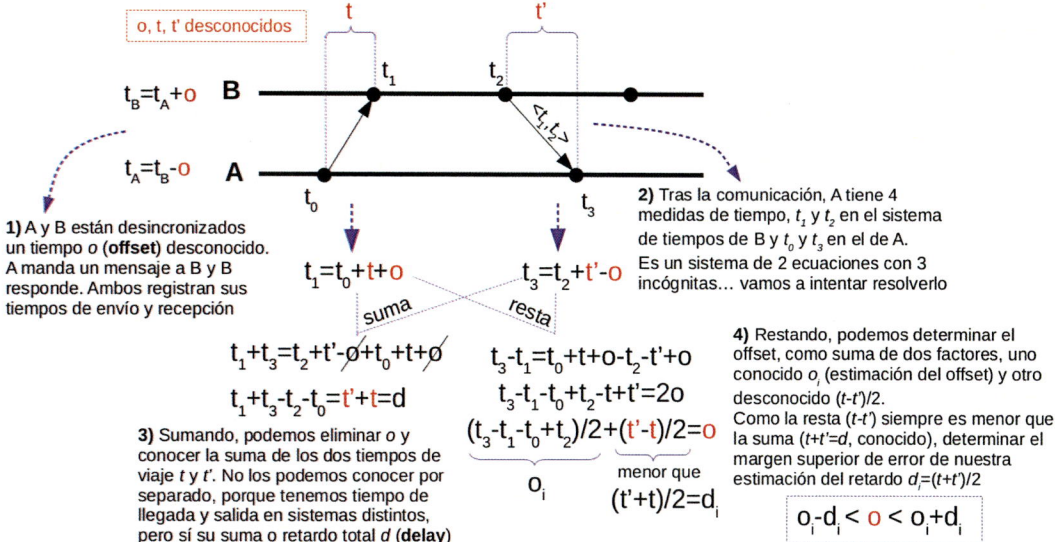

Figura 3.4: Algoritmo de NTP para determinar la desviación (o) respecto a otra máquina. Como hemos visto, es imposible estimar la desviación de manera exacta, debido a la impredecibilidad de los tiempos que tardan los mensajes en enviarse por la red, pero podemos tener una estimación aproximada o_i, con un error $\pm d_i$.

Los algoritmos de NTP y Cristian ejemplifican que podemos sincronizar máquinas con un error generalmente aceptable, pero también que siempre estaremos cometiendo un error, por pequeño que sea.

3.3 Reloj Lógico

La imposibilidad de tener un tiempo compartido perfecto llevó a Leslie Lamport a desechar toda medida de tiempo físico para sincronizar equipos con precisión absoluta. Según Lamport, todo evento[12] que ocurra en un sistema distribuido debe ser tratado como concurrente con otros, salvo por dos condiciones que sabemos que siempre serán ciertas [23]:

▶ Dentro de un proceso, los eventos suceden en orden.
▶ Entre dos procesos P_1 y P_2, un evento sucede antes en P_1 que en P_2 solo si el evento de P_1 es el envío de un mensaje m y el evento de P_2 es su recepción.

Esto nos permite definir una relación "sucede antes que" entre eventos, denotada por '→' (ver fig.3.5). Las relaciones "sucede

12: Un evento no tiene por qué ser cada línea de código de un programa. Generalmente son puntos relevantes para la coordinación distribuida: tratamiento de mensajes, modificación del estado interno, etc.

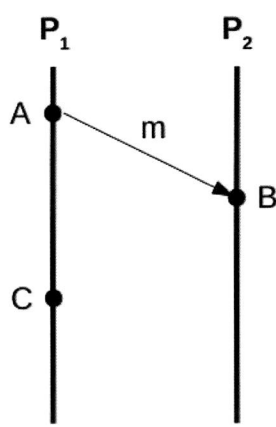

Figura 3.5: En esta situación, podemos asegurar que A→B y A→C, pero debemos considerar B y C eventos concurrentes. Cuidado: desde 'fuera' de la línea de cada proceso, a posteriori y para una ejecución concreta, podría parecer que B→ C, pero no podemos asegurar que esto será así en otras ejecuciones, y no es una información disponible de manera local a todos los procesos.

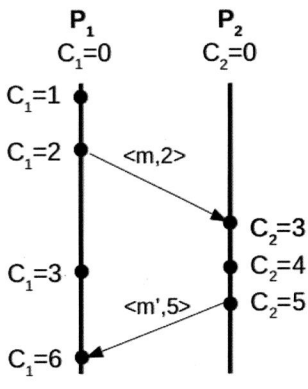

Figura 3.6: Relojes lógicos de dos procesos P_1 y P_2 que se envían mensajes. Su reloj va adjunto en los mensajes, lo que les permite 'resincronizarse' entre sí.

13: Esta estrategia de 'cotilleo' o *gossip* se utiliza mucho en sistemas distribuidos.

antes que" cumplen la propiedad transitiva, si A→B y B→C, entonces A→C.

A partir de esta definición minimalista de lo que sabemos con certeza del tiempo en un sistema distribuido, podemos implementar un reloj 'lógico' muy fácilmente para cada proceso. Se tratará de un entero que comienza en cero y se incrementa en uno cada vez que ocurre un evento local. El reloj se incluirá en todos los mensajes que envíe el proceso. Si en la recepción de dichos mensajes el reloj del proceso receptor es menor que el reloj adjunto al mensaje, se actualiza para ser superior en uno (ver fig. 3.6). Matemáticamente:

- ▶ $C_i = 0$ (reloj lógico de P_i)
- ▶ Tras cada evento en P_i: $C_i = C_i + 1$
- ▶ Tras cada recepción de mensaje $< m, C_i >$ en P_j: $C_j = max(C_i, C_j) + 1$

3.4 Reloj Vectorial

Con los relojes lógicos podemos tener un control mínimo pero fiable del ritmo de los ordenadores en un sistema distribuido. Suponen poca carga adicional en los mensajes y en el funcionamiento del proceso. No obstante, el conocimiento que cada proceso tiene de los demás es pequeño, y se actualiza solo cuando nos llega un mensaje directo de dicho proceso. Para ampliar un poco este conocimiento, podemos 'alargar' los relojes que mantiene cada proceso transformándolos en vectores, de un tamaño igual al número de procesos en el sistema. Así, cada nodo almacenará la última actualización conocida de cada proceso. Además, adjunta el vector completo en sus mensajes, para así actualizar a otros procesos no solo con su información temporal, si no con lo que conoce de terceros[13].

La definición formal es la siguiente (ver fig. 3.7 para un ejemplo):

- ▶ Sea un sistema de n procesos $P_1, ..., P_n$
- ▶ Para P_i, su reloj vectorial es $V_i = [0, ..., 0]$ ($|V_i| = n$)
- ▶ Tras cada evento en P_i: $V_i[i] = V_i[i] + 1$
- ▶ Tras cada recepción de mensaje $< m, V_i >$ en P_j: $V_j[k] = max(Vj[k], Vi[k]) \forall k = 1, ..n$

Los relojes vectoriales requieren más ancho de banda, al adjuntar más información a los mensajes, y también más capacidad de almacenamiento en los procesos, por la misma razón. Generalmente, es un incremento despreciable, pero en sistemas con

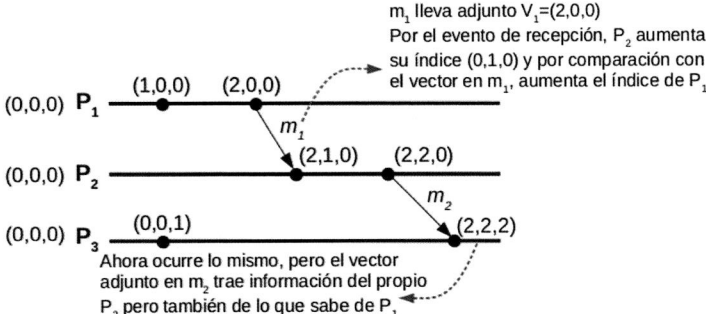

Figura 3.7: Relojes vectoriales de tres procesos. Cada evento local incrementa en uno el entero de la posición del proceso dentro del vector. Su reloj va adjunto en los mensajes, lo que les permite 'resincronizarse' entre sí: durante una recepción de mensaje, se actualiza cada posición al número mayor entre el vector local y el adjunto al mensaje, y luego se incrementa en uno la posición del proceso local.

un número alto de procesos y capacidades limitadas, puede ser un problema.

Veremos aplicaciones de los relojes vectoriales en la multidifusión ordenada (capítulo 4.3.2) o en la consistencia entre réplicas (capítulo 7).

3.5 Depuración Distribuida: el Multiverso de la Locura

Hoy he llegado un poco más tarde a la parada del autobús y lo he perdido. Justo hoy el autobús ha tenido un accidente y ha volcado. O ha subido una persona junto a la que me habría sentado y se habría convertido el amor de mi vida. La multitud de posibilidades del futuro colapsan en la única realidad del presente, de las decisiones que tomamos en función de las circunstancias que nos rodean. En una máquina, esto no es así: podemos ejecutar una y mil veces los programas. Así hacemos simulaciones, modelados, mundos virtuales y videojuegos. Pero hay otra vertiente de esto: los algoritmos distribuidos. En un algoritmo que se ejecuta a la vez en varias máquinas, hay muchas variables que no podemos predecir, como anticipaba Lamport. Un día la red va un poco más lenta, otro el servidor está más ocupado, o no hay casi tráfico. Estos condicionantes hacen que, aunque nuestro algoritmo sea siempre el mismo y perfectamente determinista, sus resultados puedan variar con cada ejecución[14].

Estos 'multiversos' llevan con frecuencia a mis estudiantes (y a mí) a la locura. La dificultad de depurar un sistema en estas condiciones es alta. De hecho, es la causa por la que hoy hablamos de Linux, y no de GNU Hurd. En 1989, Richard Stallman y su proyecto GNU habían desarrollado todos los componentes necesarios para un sistema operativo, menos su kernel.

14: En otro contexto, ocurre también en el aprendizaje automático. Una inteligencia artificial sigue un algoritmo determinista, pero su comportamiento va a variar dependiendo de los datos con los que se entrene.

Detengámonos un poco en Richard Stallman. Fue estudiante en el MIT durante los años de ebullición del mundo hacker en esa institución, bajo el paraguas del laboratorio de inteligencia artificial de Minsky, Greenblatt y otros [24]. En 1979, Greenblatt decidió que LISP, el tercer lenguaje de programación más antiguo, desarrollado por el propio MIT bajo licencia abierta, iba a cerrarse y comenzar a comercializarse. Stallman, encolerizado por el cierre de un programa que era abierto, se tiró un año saboteando el trabajo de la empresa que ahora comercializaba las máquinas LISP: en cuanto sacaban una nueva versión, él la replicaba, pero con código abierto, y la hacía pública. En 1986, esta filosofía de reprogramar bajo licencia abierta programas esenciales se la llevará al proyecto GNU, con la idea de replicar un Sistema Operativo UNIX comercial, pero en abierto[15]. El caso es que el proyecto se atascó en su punto central: el núcleo del sistema operativo, conocido como *kernel*[16]. Todo el resto del sistema estaba solucionado, pero el proyecto GNU falló en montar un kernel multiproceso. Como el propio Stallman reconoce, el fracaso se debió a que en un entorno de múltiples procesos *"los fallos son a menudo difíciles de detectar, porque dependen de que un programa mande un mensaje antes o después de que otro programa mande otro mensaje"*[17]. El multiverso de la locura. Linus Torvalds cortó el nudo gordiano tirando por la calle del medio: programó un kernel monolítico mediante un solo proceso. El proyecto GNU rápidamente adoptó la solución de Linus y ahora conocemos este tipo de sistemas operativos como GNU/Linux o, simplemente, Linux.

En una sola máquina, que es donde se ejecuta un sistema operativo, podemos tomar la decisión de Linus Torvalds y usar solo un proceso. Pero en múltiples máquinas vamos a tener múltiples procesos independientes comunicándose entre sí. Veamos cómo navegar por este multiverso de la locura.

3.5.1 Todo el mundo se mueve en la foto

Para depurar un sistema, hace falta conocer su estado global: qué valor tienen sus variables, qué procesos están activos, qué mensajes están viajando por la red. El problema es que la foto solo la podemos tomar en movimiento. No podemos parar a todos los procesos para sacar una foto, pues la foto no será realista ya que no podríamos detectar los problemas que surgen de la dinámica propia de la ejecución[18]. Por tanto, cuando tomemos una foto tendremos que retratar a todos los procesos (o todas las variables de su estado que sean relevantes

15: De hecho, GNU es el acrónimo recursivo de *"GNU is Not UNIX"*.

16: El kernel del sistema operativo es el conjunto central de operaciones a muy bajo nivel que comunican el software con los distintos controladores hardware: memoria, CPU, y otros dispositivos.

17: La entrevista completa se puede ver en el documental *Revolution OS* de J.T.S. Moore de 2001 (minuto 25-26).

18: Salvando las distancias, se parece al principio de incertidumbre de Heisenberg: si queremos observar un proceso con precisión, tenemos que alterar tanto el proceso en sí que no estaremos observando el mismo proceso. Es también un poco lo que nos pasa a los profesores cuando nos piden que evaluemos nuestra propia docencia.

para la depuración) *y también* a todos los posibles mensajes que estén viajando por la red. Todo el mundo se mueve en la foto.

Instantánea de Chandy y Lamport

Una forma de capturar el estado de un sistema es el algoritmo de la instantánea de Chandy y Lamport [25]. que es capaz de registrar el estado de los procesos y de sus canales de comunicación 'en movimiento'. Para ello un nodo que quiera tomar una foto del sistema, registra su estado y difunde al resto de nodos un mensaje 'foto'. El nodo fotógrafo registra sus canales de salida como vacíos para la foto, pero registra como parte del estado los mensajes que le lleguen por todos sus canales de entrada, hasta el momento en que recibe el mensaje de respuesta con el estado de cada proceso (ver fig. 3.8).

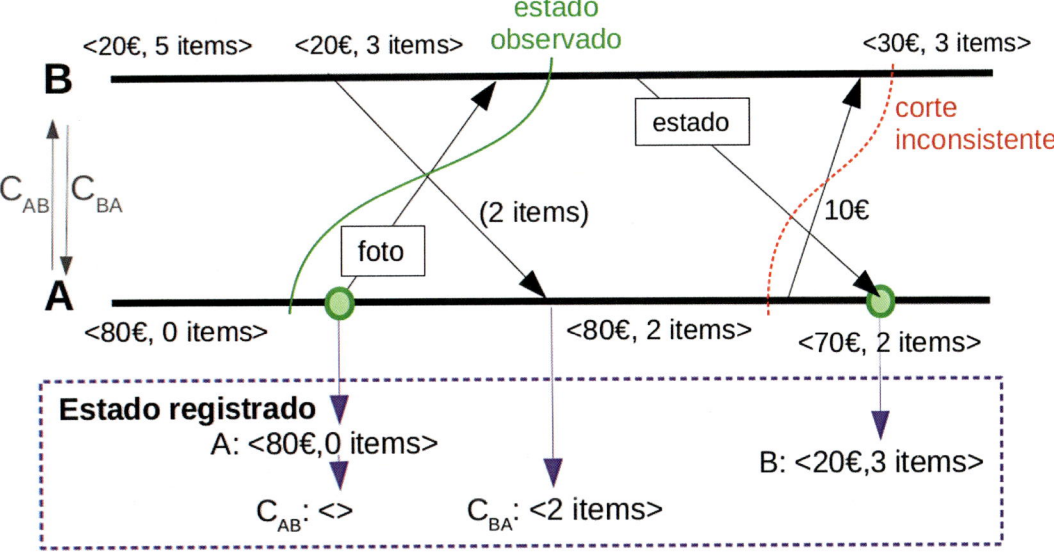

Figura 3.8: Ejemplo del algoritmo de la instantánea con dos procesos A y B. Los puntos verdes indican el comienzo y el fin de una instantánea iniciada por A. Los procesos no paran sus actividades y se envían mensajes o modifican sus estados concurrentemente a la toma de la instantánea. El estado registrado (en el recuadro morado) corresponde al corte marcado en verde. En rojo, un ejemplo de un corte inconsistente. Si registráramos el estado en el momento indicado por la línea roja, tendríamos 10 euros de más en el sistema, que ha recibido B sin que su envío por parte de A quede registrado.

Una condición importante que debe garantizar un algoritmo que recoja el estado global de un sistema es que nunca puede registrar un evento de recepción de un mensaje sin registrar el evento de envío de dicho mensaje. Quitando esa circunstancia, cualquier corte es posible. De hecho, ahí nacen los multiversos.

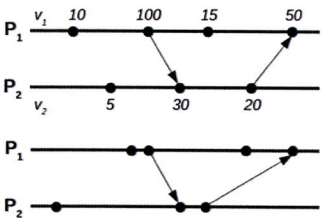

Figura 3.9: Dos instancias válidas de la misma secuencia de eventos en dos procesos. Los eventos se pueden adelantar o retrasar, siempre y cuando no 'salten' sobre otros eventos locales, o la recepción ocurra antes que el envío. Cada evento en este caso está asociado a la modificación del valor de una variable v_i.

3.5.2 Red de estados

Cuando representamos un flujo de ejecución de un programa distribuido como el de la figuras 3.6 a 3.8, debemos tener claro que estamos representando una de muchas posibles fluctuaciones en las que se producen los eventos. Recordemos: el autobús puede llegar un poco más tarde, o un poco más temprano, y yo puedo retrasarme o adelantarme también. Mientras no alteremos la lógica de eventos relevantes (no me puedo bajar del autobús si no me he subido antes), todo es posible.

Para construir la red de todos los estados posibles dado un esquema de eventos, debemos registrar todos los posibles cortes consistentes. Por ejemplo, en el caso de la figura 3.9, podría ocurrir antes el primer evento de P_1 o el primero de P_2, así que desde el estado S_{00} (no ha ocurrido nada) podemos ir al estado S_{10} (ha ocurrido un evento en P_1) o al estado S_{01} (ha ocurrido un evento en P_2). Así continuaríamos evaluando a dónde podemos ir desde S_{10} y S_{01}, teniendo cuidado con los cortes inconsistentes. Por ejemplo, desde S_{01} no podemos ir a S_{02} pues estaríamos en un corte consistente: el evento 2 de P_2 es la recepción de un mensaje enviado en el evento 2 de P_1 (ver fig. 3.10, izquierda).

Figura 3.10: (izquierda) Red de estados de la figura 3.9. El estado S_{02} no es posible porque corresponde a un corte inconsistente: un mensaje no se puede registrar como recibido si no se ha registrado su envío. Cada ejecución seguirá un camino único (linealización) de entre todas las posibilidades, como p. ej. el camino en rojo.
(derecha) Para cada estado, podemos evaluar predicados, p. ej. si la diferencia entre los valores de las variables registradas supera un umbral o no ($v_2 - v_1 > x$). El predicado se cumplirá con certeza si todas las linealizaciones pasan por estados que lo hacen verdadero ($v_2 - v_1 > 0$), o solo en algunos casos, si hay algún estado que lo hace verdadero, pero por el que no pasan todas las linealizaciones ($v_2 - v_1 > 10$).

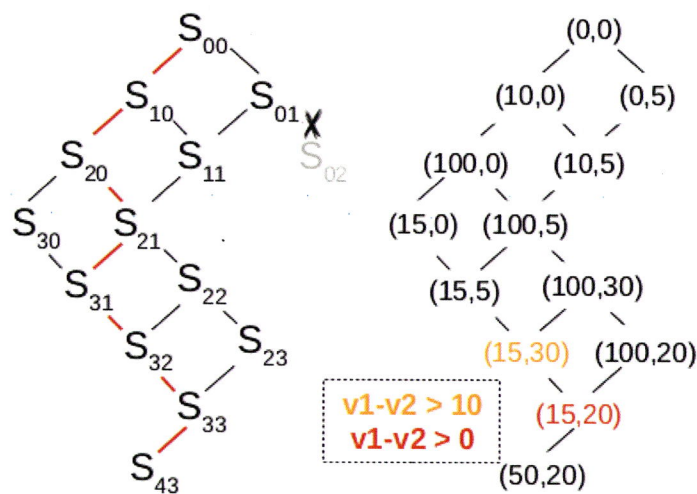

Esta red de estados la podemos usar para comprobar si se cumple un determinado predicado. Un predicado es una sentencia que puede ser evaluada como verdadera o falsa. Por ejemplo, podemos comprobar si la diferencia entre dos valores es mayor que un determinado umbral (fig. 3.10, derecha). El predicado se cumplirá en cualquier caso si se cumple en algún estado o combinación de estados por el que pasen todas las linealizaciones posibles (es decir, todas los posibles caminos que puede seguir la ejecución del programa, como por ejemplo el marcado el rojo en la fig. 3.10). También puede ser que el predicado se cumpla, pero solo en algunas linealizaciones, como es el caso del predicado naranja de la figura. Este suele ser el caso más difícil de depurar. Aparentemente, puede que el programa parezca funcionar, pero de vez en cuando (p. ej. debido a cambios en el tráfico en la red) falla, al pasar por una linealización distinta a la habitual, que hace saltar un predicado asociado a un error o condición no deseable.

Coordinación: vamos a ponernos de acuerdo | 4

Hablamos el mismo idioma y tenemos sincronizados los relojes. Es hora de robar el banco. ¿O no? Igual antes tenemos que saber quién es el jefe, ¿o no hay jefes? ¿vamos todos a partes iguales con el botín? ¿qué hacemos si algo falla? ¿y si alguno de nosotros es un infiltrado de la policía? En las siguientes secciones veremos cómo podemos tratar este tipo de problemas en un sistema distribuido.

4.1 Exclusión distribuida

Si hay mucha gente que se está haciendo pis, y tenemos un único aseo a compartir, es mejor que nos pongamos serios o eso va a terminar como el rosario de la aurora. Tenemos que organizar una fila, o de alguna otra manera decidir quién accede al váter en cada momento. Esa área 'restringida' para que todos podamos acceder al recurso de manera ordenada es lo que en programación se conoce como 'sección crítica'. Dentro de un solo ordenador, se resuelve relativamente fácil mediante alguna variable que toma un valor *ocupado* cuando está en uso y otro valor *libre* cuando no.

Puede haber muchos recursos críticos que usen varias máquinas de manera concurrente: una impresora conectada en red, un archivo compartido o una base de datos abierta en un servidor, por poner algunos ejemplos. Llamaremos con el nombre rimbombante de *exclusión mutua distribuida* a las estrategias para acceder a estos recursos críticos. Debemos garantizar tres condiciones:

▶ **Seguridad**: solo hay un proceso en la sección crítica a la vez.
▶ **Pervivencia**: todo proceso que quiere acceder a la sección crítica termina accediendo a ella.
▶ **Ordenación**: los procesos entran en la sección crítica respetando que los que quieren entrar desde hace más tiempo entren primero.

Para determinar cómo de compleja es una estrategia de exclusión mutua distribuida, contaremos los mensajes que hace falta enviarse para garantizarla. Vamos a ser un poco exhaustivos y vamos a ver cuatro modelos muy distintos en su arquitectura (ver figs. 4.1 y 4.2).

4.1.1 Servidor central

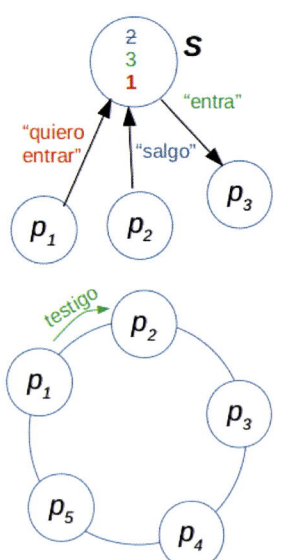

Las cosas son más fáciles con un portero. Si tenemos un proceso que, por conveniencia o propiedad, tiene acceso directo al recurso crítico, podemos hacerle custodio del mismo. Cualquier proceso cliente que quiera acceder a la sección crítica se comunicará con él. El proceso servidor anotará la petición en una cola de procesos por servir, y le responderá cuando esté el primero en la cola. Por último, cuando un proceso salga de la sección crítica, notificará al servidor para que este sepa que ya está libre (ver fig. 4.1), arriba).

Con estos tres mensajes, podemos gestionar la sección crítica con seguridad y pervivencia. La ordenación es parcial, siempre desde el punto de vista del servidor. Si un proceso quiere entrar en la sección crítica desde hace mucho, pero su petición ha tardado en llegar al servidor, probablemente otros procesos entren antes que él, aunque lleven menos tiempo esperando.

Figura 4.1: (arriba) Un servidor central gestiona la sección crítica manteniendo una cola de peticiones. Aquí mostramos un caso con tres procesos, que parte de la situación inicial de que p_2 está en la sección crítica y p_3 ha solicitado acceso.
(abajo) Una topología en anillo mantiene en circulación un testigo que cada proceso reenvía al siguiente. En este caso, si p_2 quiere entrar en la sección crítica, no reenviará el testigo, cuya posesión le da acceso a la sección crítica. Cuando termine, lo volverá a poner en circulación.

4.1.2 Anillo

Aunque hoy en día Internet nos permita comunicarnos con cualquier nodo de manera directa, hubo un tiempo en que las redes no eran tan complejas, y, simplificando, un cable conectaba una máquina con la siguiente, en una topología en anillo.

Podemos regular el acceso al baño pasando la llave) de una persona a la siguiente. Si alguien quiere entrar al baño, cuando tenga la llave, abre y hace sus necesidades. Al salir, entrega la llave al siguiente (fig.4.1, abajo). El proceso es un poco farragoso, porque continuamente debe estar rulando la llave por el anillo, pero garantiza que tarde o temprano entras en el baño, y que solo hay una persona en el baño a la vez. El problema de nuevo viene con la ordenación: si justo acabas de pasar la llave y te viene un apretón, te toca esperar a que dé toda la vuelta y, probablemente, alguien entre antes de que te vuelva a llegar, aunque lleve esperando menos tiempo.

4.1.3 Algoritmo de Ricart y Agrawala

El algoritmo de Ricart y Agrawala [26] va a lograr una exclusión mutua *ordenada* sin necesidad de un elemento central, ya sea un servidor (capítulo 4.1.1) o un testigo (capítulo 4.1.2). Para conseguirlo, va a necesitar muchos más mensajes, y relojes lógicos (capítulo 3.3). Cuando un proceso quiere entrar en la sección crítica, pregunta a *todos* los demás. Cada nodo que no quiera entrar en la sección crítica le responde inmediatamente, mientras que el proceso que esté dentro de la sección crítica deja su petición en cola. Si algún proceso también quiere entrar, pero todavía no está dentro, responderá o encolará en función de su reloj lógico: si su propia petición de entrada se hizo en un tiempo lógico anterior al de la solicitud que ha recibido, esta se encola. Si no, cede el paso al otro proceso. Cuando el nodo que inició la petición reciba permiso de *todos* los demás procesos, sabrá que puede entrar en la sección crítica. Cuando salga, responderá a todos los procesos que tenga pendientes en su cola (ver fig. 4.2, arriba).

4.1.4 Algoritmo de Maekawa

El algoritmo de Ricart y Agrawala hace uso de relojes lógicos y de una estrategia de sondeo y ejecución para conseguir una exclusión mutua distribuida que garantiza la ordenación. Sin embargo, requiere un buen montón de mensajes: en un sistema de n procesos, son $n-1$ mensajes de petición y $n-1$ mensajes de respuesta para cada entrada en la sección crítica.

Para tratar de reducir el número de mensajes, Maekawa [27] hace uso del conocimiento solapado: no hace falta preguntar a todos los nodos, si cada nodo puede responder por él mismo y por alguno de sus compañeros. Para ello, ese conocimiento debe estar estrechamente imbricado. En un sistema de N procesos, cada proceso p_i va a tener un conjunto de voto V_i, es decir, un conjunto de procesos a los que preguntar. Este conjunto de votos deber tener un tamaño mínimo K e intersección no nula con todos los demás conjuntos de voto de otros procesos. Además p_i debe estar incluido en los conjuntos de voto de M procesos. En la práctica, esto quiere decir que los conjuntos de voto están muy solapados, pero no son iguales. Así vamos a asegurar que preguntando solo a un número reducido de procesos, tenemos información fiable de todo el conjunto. En particular, Maekawa demuestra que funciona si $M = K \sim \sqrt{N}$ [1].

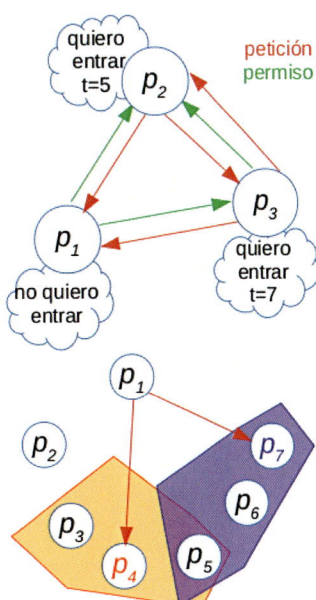

Figura 4.2: (arriba) Ricart y Agrawala es un método de sondeo basado en tiempos para ceder el paso o no. Aquí p_2 entra en la sección tras pedir y obtener el permiso de p_1 y p_3. p_3 cede el paso y deberá esperar al permiso de p_2, que se lo dará cuando salga. Quién cede el permiso se dilucida mediante un sistema de relojes lógicos (t, en este caso, 5 < 7).
(abajo) Maekawa permite escalar a Ricart mediante conjuntos de votos solapantes. p_1 puede entrar en la sección crítica obteniendo tan solo el permiso de p_4 y p_7 si sus conjuntos de voto (en naranja y morado cumplen ciertas características de tamaño y solapamiento.

Tabla 4.1: Complejidad de los métodos de exclusión mutua distribuida en un sistema de N procesos. Se muestra el número máximo de mensajes requeridos en el peor caso para entrar en la sección crítica (entrada), los mensajes necesarios desde que sale un proceso hasta que entra el siguiente (relevo) y el número de mensajes contando la gestión completa de una entrada y salida de la sección crítica (ancho de banda, a. b.), así como si satisfacen la condición de ordenación o no.

método	entrada	relevo
Servidor	2	2
Anillo	N	$N-1$
R & A	$2N-2$	1
Maekawa	$2\sqrt{N}$	$\sqrt{N}$

método	a.b.	orden.
Servidor	3	No
Anillo	Continuo	No
R & A	$2N-2$	Sí
Maekawa	$3\sqrt{N}$	Sí

1: Ese $\sim$ se refiere a que podemos necesitar un valor ligeramente más alto de M para conseguir que todos los conjuntos solapen entre sí. Concretamente, si $K-1$ no es la potencia de un número primo, necesitamos que $M = K + 1$ [27] (*pág. 154, método 1*).

2: A veces se usa otra característica que no sea ambigua en el sistema, como el primero que se entere de la caída del servidor (ver Raft en el capítulo 4.4.4), o el que menos carga de trabajo tenga.

Hemos reducido el número de mensajes necesarios de $O(N)$ a $O(\sqrt{(N)})$, haciendo el procedimiento escalable para N alto. A cambio, necesitamos diseñar conjuntos solapados de manera sofisticada.

4.2 Elección distribuida

En un sistema distribuido a veces es necesario elegir a un nuevo coordinador, generalmente cuando el actual ha caído. Las máquinas suelen seguir el modelo clásico de 'a rey muerto, rey puesto'. Sus elecciones suelen ser más aburridas que las nuestras. Simplemente, el proceso activo con mayor identificador[2] pasa a ser el nuevo líder. En un modelo sin traidores (ver capítulo 4.4.1), esto es suficiente.

4.2.1 El algoritmo del abusón

El algoritmo del abusón permite elegir un líder mediante una variante del método de sondeo y aprobación. La diferencia es que ahora en vez de aprobación, habrá reprobación, o abuso de poder, más nuevas elecciones recursivas.

Supongamos un sistema con N procesos, todos con identificadores únicos comparables entre sí. El coordinador será el proceso operativo con identificador más alto. Si un proceso detecta que el actual coordinador está caído, arranca un proceso de elecciones, postulándose como candidato ante todos los procesos con identificador más alto que el suyo. Obviamente, si es un pequeñajo, no va a poder ser el nuevo líder (que hemos definido como el de identificador más alto que esté funcionando), así que aquellos que reciban el mensaje y estén operativos, le responderán con un mensaje de OK que lo inhibirá de la elección (se quedará esperando un tiempo al resultado de las elecciones). Posteriormente, todos estos procesos de identificador mayor se postularán a su vez, ahora difundiendo a los de identificador mayor, que de nuevo inhibirán a los más pequeños, y así hasta que uno de ellos no reciba respuesta de los de identificador mayor (por estar caídos, o porque es el número más alto del sistema). Lo vemos mejor con un ejemplo:

El algoritmo del abusón es bastante profuso en mensajes. Veremos más adelante otros algoritmos que contemplan la elección de un coordinador dentro de contexto de toma de decisiones respecto al valor de variables, especialmente los algoritmos

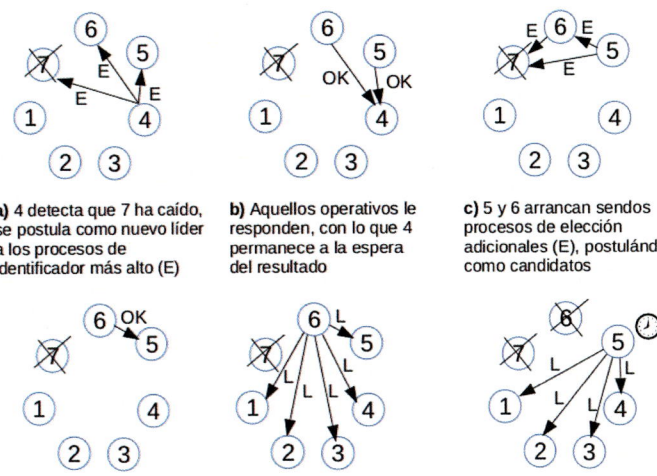

a) 4 detecta que 7 ha caído, se postula como nuevo líder a los procesos de identificador más alto (E)

b) Aquellos operativos le responden, con lo que 4 permanece a la espera del resultado

c) 5 y 6 arrancan sendos procesos de elección adicionales (E), postulándose como candidatos

d) 6 inhibe a 5, pero no recibe respuesta de 7

e) 6 puede asumir de forma segura que tiene el identificador más alto operativo, así comunica que es el nuevo líder al resto (L)

e') Los procesos inhibidos esperan un tiempo por los resultados, y si no los reciben reinician las elecciones. En este caso, 5 terminará siendo elegido

Figura 4.3: En un sistema de 7 procesos, el líder actual ha caído. El proceso 4 se da cuenta y comienza unas elecciones.

de Paxos (capítulo 4.4.2) y Raft (capítulo 4.4.4), que son más utilizados en la práctica.

4.3 Multidifusión

4.3.1 Multidifusión fiable

Cuando cuento algo importante en clase, como la fecha de entrega de un trabajo, a veces me pregunto: "¿se habrán enterado *todos*?". En principio, podemos comunicar la misma información de una vez a toda una audiencia en silencio y atenta. Pero siempre puede haber algún problemilla: alguien que en ese momento se le ha caído el lápiz, o que estaba mirando por la ventana. Lo mismo pasa con la multidifusión de información en sistemas distribuidos.

Un entorno como Internet es muy seguro para mandar información, es relativamente improbable que un mensaje se pierda sobre IP. Pero puede ocurrir. Para garantizar una multidifusión fiable, vamos a recurrir a una solución parecida a los relojes vectoriales (capítulo 3.4): mantendremos un vector con contadores que nos indican el número de mensajes que hemos recibido de multidifusiones de otros procesos.

Cuando un proceso multidifunde un mensaje, incrementa su contador y adjunta[3] su vector de mensajes recibidos. No hay acuses de recibo, se presupone que los mensajes llegan a su

3: En inglés se dice que el adjunto va *piggybacked* al mensaje, aquí diríamos que lo lleva 'a caballito'.

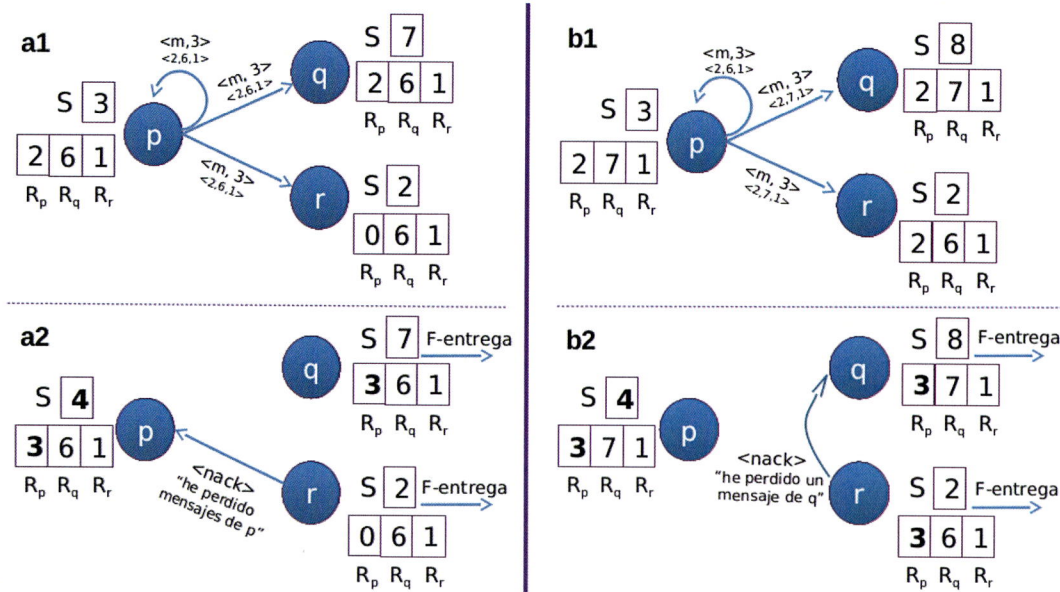

Figura 4.4: Sea un sistema con tres procesos (p, q, r). Cada proceso mantiene un vector con los mensajes recibidos de los demás (R_p, R_q, R_r) y un entero que indica el número que tendrá la próxima multidifusión que realice (S). **a1)** p realiza su tercera multidifusión, enviando el mensaje m a todos los nodos (incluido él mismo). El mensaje lleva adjunto su vector de mensajes recibidos.
a2) Cada proceso, al recibir el mensaje, compara el vector de mensajes propio con el adjunto a m. En el caso de q, su vector de recepciones coincide con el vector adjunto (2,6,1), así que sabe que no ha perdido ningún mensaje, al menos de los que ha visto p. Incrementa el número de mensajes recibidos de p y entrega el mensaje. En el caso de r, observa que su vector (0,6,1) es distinto al recibido (2,6,1). Está recibiendo el mensaje 3 de p pero ha perdido el 1 y el 2, así que avisa de la situación con un acuse de recibo negativo (*nack*). Nótese que aun así entrega el tercer mensaje m.
b1) En esta otra situación, es el proceso r el que ha perdido un mensaje de q.
b2) Tras enterarse por la multidifusión de m, r podría aprovechar para avisar a q de este hecho.

destino. Pero si, al comparar su vector de mensajes recibidos con el que le llega adjunto, hay alguna discrepancia, sí que se manda un acuse de recibo negativo (*nack*), avisando de que se ha perdido un mensaje, para que se lo reenvíen (ver figura 4.4). Esta comprobación puede ser bidireccional, o podemos 'husmear' en el vector de recibidos para ver si ha habido una pérdida de mensajes de terceros.

En cualquier caso, la entrega *siempre* se lleva a cabo. Los mensajes no se retienen a la espera de que lleguen los mensajes perdidos. Esto va a diferenciar a la multidifusión fiable de la multidifusión ordenada.

4.3.2 Muldifusión ordenada

Cuando varias personas hablan a la vez, uno no se entera de nada. Hace falta algún tipo de moderación para saber quién ha dicho qué antes que otro. Cierto grado de solapamiento es tolerable en determinadas circunstancias, mientras que otras, como un debate electoral, requieren más precisión. Algo parecido ocurre en los sistemas distribuidos. Si dos personas están enviando sendos mensajes a un grupo de WhatsApp más o menos a la vez, puede ocurrir que lleguen en distinto orden a distintos miembros del grupo. No es un problema, el nivel de precisión que requiere un grupo de WhatsApp no es muy alto. Pero eso mismo, en una torre de control de tráfico aéreo, o para un corredor de bolsa, puede ser crucial.

Para garantizar un cierto orden, vamos a diferenciar la recepción de un mensaje (llega al buzón) de su entrega (abrimos la carta). Los mensajes pueden llegar desordenados al buzón, es nuestra tarea recolocar la pila de cartas antes de abrirlas.

Vamos a definir tres tipos de orden (figura 4.3.2):

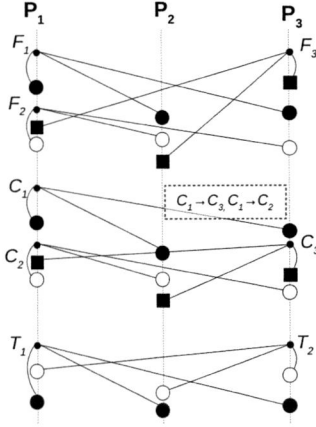

▶ **Orden FIFO**: el nivel menos restrictivo, solo requiere que los mensajes multidifundidos por cada nodo se entreguen en orden, aunque se entremezclen con las multidifusiones de otros nodos.

▶ **Orden causal**: respeta las relaciones 'sucede antes que' (ver capítulo 3.3): si $a \rightarrow b$, entonces el mensaje multidifundido en el evento a debe entregarse antes que el mensaje difundido en b.

▶ **Orden total**: este nivel garantiza que, si un proceso ha entregado el mensaje m antes que el mensaje n, *todos* los procesos lo han entregado en ese mismo orden. Nótese que esto puede violar el orden FIFO o causal: lo que importa es el orden de recepción.

Figura 4.5: (arriba) En una multidifusión FIFO solo se respeta el orden de los mensajes multidifundidos por el mismo proceso (F_1, F_2), que no tienen por qué mantener el orden de recepción respecto a otras multidifusiones (F_3).
(centro) La multidifusión causal respeta además cualquier relación "sucede antes que", como la que hay entre C_1 y C_3. C_1 se entregará siempre antes que C_2 y C_3, pero estos dos no tienen por qué respetar ningún orden entre ellos.
(abajo) La multidifusión total obliga a que todos los mensajes se entreguen en el mismo orden en todos los nodos. *Figura adaptada de la Fig. 15.11 en [2] (pág. 652).*

Garantizar la ordenación FIFO es sencillo, simplemente tenemos que implementar una multidifusión fiable que *no entregue* el mensaje si detecta que no se han recibido todos los mensajes anteriores multidifundidos por el remitente. Es decir, en la situación de la figura 4.4 (a2), r no entregaría el mensaje 3 de p hasta que recupere los mensajes 1 y 2 que había perdido.

La multidifusión causal también la podemos resolver con otra restricción sobre la multidifusión fiable: tampoco se entregará el mensaje si se detecta cualquier otra incongruencia entre nuestro vector de recepciones y el vector que nos llega adjunto en el mensaje, como por ejemplo le ocurre a r en la figura 4.4 (b2).

4.3.3 O todos o ninguno

La multidifusión causal suele cubrir la mayoría de las necesidades[4], pero sigue sin asegurar que los mensajes se reciban en exactamente el mismo orden en todos los procesos.

4: Por ejemplo, para la edición concurrente mediante transformaciones operativas o CRDTs (ver capítulo 6).

Para ese nivel de ordenación total, vamos a tener que ponernos serios y utilizar un buen trasiego de mensajes de coordinación adicionales. Estudiaremos el algoritmo ISIS[28][5]. Este algoritmo propone un sistema de mensajes en tres fases para acordar los tiempos de entrega de los mensajes en un entorno de multidifusiones concurrentes:

5: Este algoritmo se ha usado en la bolsa de valores de Nueva York, en el control del tráfico aéreo francés o en el sistema de combate Aegis de la marina estadounidense. Nombrado ISIS en referencia a la diosa egipcia homónima, fue una víctima colateral del terrorismo de isis y se rebautizó como VSync (sincronización virtual).

1. Un proceso multidifunde un mensaje.
2. Los receptores le responden con sus propuestas del orden en que les gustaría entregar el mensaje.
3. El proceso muldififusor elige como orden acordado el más alto entre los propuestos, y comunica esa decisión al resto.

Los procesos no entregan los mensajes inmediatamente tras recibirlos, los dejan a la espera por si algún otro mensaje debiera entregarse antes y todavía no se ha recibido. Tan solo se entrega el mensaje cuando ya se conoce su orden acordado y este es menor que cualquier otro orden (acordado o tentativo) de otros mensajes en espera (ver 4.6).

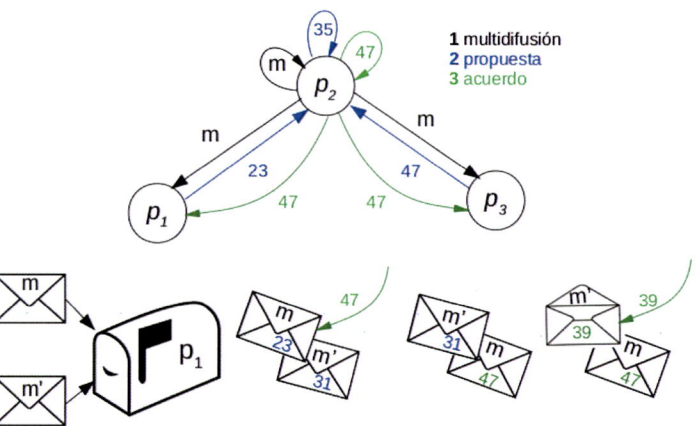

Figura 4.6: Ejemplo de funcionamiento del algoritmo ISIS. **(arriba)** P_2 multifidunde un mensaje m en un sistema de tres procesos. Cada proceso responde con su tiempo propuesto para la entrega. P_2 elige la mayor de todas las propuestas como tiempo acordado en el que se entregará m. **(abajo)** Cada proceso tiene un buzón donde recibe los mensajes, sin abrirlos (entregarlos) todavía. Cada vez que recibe un acuerdo, reordena su pila de mensajes, y solo si el de menor tiempo está acordado, lo abre.

Este esquema en dos fases (sondeo y acuerdo) es común en sistemas distribuidos, a imagen y semejanza de una interacción frecuente en la organización humana. Por ejemplo, cuando quedo con tres amigos para tomar un café, les pregunto si les viene bien a las 5 (sondeo). Uno me dice que sí, otro que también (que incluso puede un poco antes), y otro responde que le viene mejor a las 5:30. En función de esa información, puede ser que decidamos quedar a las 5:30 (acuerdo).

4.4 Consenso distribuido

Hemos visto distintos problemas de coordinación donde, en general, no hay problemas graves con los procesos: no se caen ni funcionan de modos inesperados. Vamos a continuación a abordar situaciones en las que sí que tenemos estos tipos de problemas.

4.4.1 El problema de la confianza

Decidamos tener un jefe o no para el robo del banco, otra cuestión es si confiamos en él y/o en el resto de los componentes de la banda[6]. La confianza tiene dos vertientes: la confianza en la capacidad de llevar a cabo el trabajo, y la confianza en la honestidad en el trabajo. Esto es así en humanos [29] pero también en máquinas. Una máquina puede caerse, lo que llamamos un fallo-parada[7], y dejar de responder. Pero también puede empezar a actuar de manera extraña, bien por un error interno o de manera deliberada, en lo que llamamos un fallo arbitrario. Los fallos-parada se solventan teniendo máquinas de repuesto y/o reemplazando la máquina que falla por otra, como hemos visto (capítulo 4.2). Los fallos arbitrarios son más complejos, pero en el fondo, se resuelven como en el mundo analógico: por mayorías. Mientras la humanidad fue nómada, las diferencias irreconciliables daban lugar a la separación de la tribu, de tal manera que el consenso se mantenía, ahora en dos tribus distintas, cada una con su opinión sobre el tema de la discordia. Pero con el sedentarismo, esa opción desaparece, y aunque la búsqueda de consensos sea el ideal, a menudo toca contentarse con un sistema de mayorías[8].

En teoría computacional, un sistema puede funcionar mientras menos de un tercio de las máquinas tengan fallos arbitrarios. Lamport, muy amigo de las metáforas, lo define como el problema de los Generales Bizantinos [30][9]. El supuesto es el siguiente: un general y sus dos comandantes tienen apostados tres ejércitos en sendas colinas entorno a una ciudad asediada. El éxito de la misión radica en que los tres carguen a la vez contra la ciudad. Los comandantes esperan la orden del general. Si los tres militares están por la labor y atacan a la vez, no habrá problemas. Pero, ¿qué pasa si el general es un traidor y da la orden de atacar a un comandante, pero la de retirarse al otro? El comandante que ataca no tiene manera de saber, al ver retirarse al otro comandante, si el general les ha dado órdenes distintas, o si es que el comandante que se retira les ha traicionado (ver fig. 4.7).

6: Recomiendo encarecidamente jugar The Evolution of Trust, un pequeña reflexión sobre la confianza con la excusa de la teoría de juegos. Se juega online de forma gratuita, hay también una versión en castellano.

7: Ver capítulo 1.3.4.

8: Sistemas imperfectos, donde la minoría puede pasar a sentirse derrotada, arrastrar los pies con respecto a la nueva norma, sabotearla, derogarla en cuanto tenga mayoría, etc.

9: No está muy claro de dónde saca Lamport la inspiración para esta metáfora. En mi opinión, puede tener en mente a Belisario, el general romano que defendió el imperio Bizantino en el siglo VI, pero terminó siendo acusado de traición.

Figura 4.7: En esta situación, el lugarteniente 1 puede llegar a saber que hay un traidor, pero no tiene manera de dilucidar si es el general, que ha dado órdenes contrarias (izquierda), o el lugarteniente 2, que ha desobedecido las órdenes (derecha).

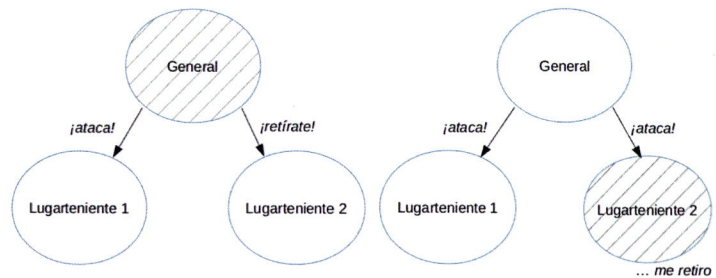

Esto se puede resolver con rondas de confirmación adicionales. Antes de atacar, los comandantes se comparten lo que les ha dicho el general. Así, cada comandante tiene dos informaciones: la orden directa del general y lo que dice el otro comandante que le han ordenado a él. Si ambas informaciones son contradictorias, el comandante detecta el problema, pero permanece irresoluble: ¿el general les ha dado órdenes contrarias, o es el otro comandante el que está mintiendo sobre la orden recibida?

En este caso, un tercio de los involucrados es traicionero. Apaga y vámonos. Como sabe bien alguien que haya acudido a una reunión de vecinos, si unos cuantos (a veces no tiene por qué llegar a un tercio) están de que no, es difícil que los acuerdos salgan adelante.

Si hubiera tres comandantes y un general, la compartición de las informaciones recibidas nos daría, si solo hay un traidor, una mayoría de respuestas en un sentido, que podríamos utilizar para detectar al traidor y tomar una decisión (ver fig. 4.8).

Figura 4.8: En un sistema donde el número de nodos 'traidores' es menor que un tercio, el problema se puede solucionar mediante un sistema de mayorías y rondas de 'cotilleo'. Por ejemplo, p_4 puede encontrar al traidor comparando las respuestas de cotilleo. A la izquierda, p_1 le dice que la orden es v y en la ronda de cotilleo, p_2 también, mientras que p_3 le dice que el mensaje es w. Confiando en que la mayoría de nodos funcionan correctamente, p_4 puede concluir que p_3 es el traidor. A la derecha, las circunstancias cambian y a p_4 le llegan tres mensajes contradictorios: el problema debe venir del emisor original, p_1.

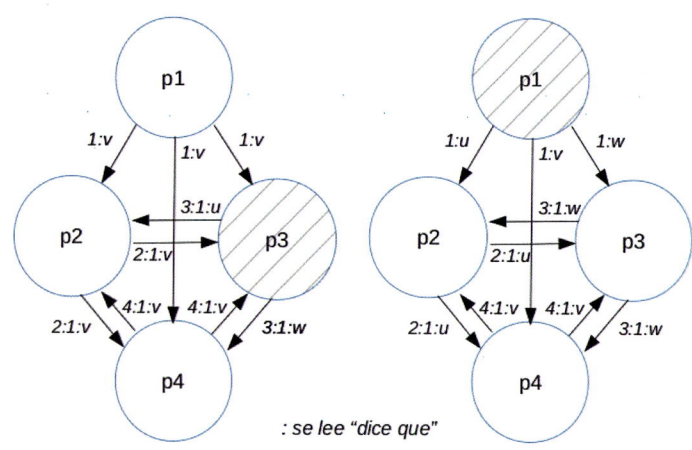

4.4.2 Paxos

Como hemos visto, a Leslie Lamport le gusta usar metáforas de problemas humanos para hablar de los problemas de coordinación entre máquinas. A nuestra imagen y semejanza. Tras identificar el problema *manu militari* de los generales bizantinos, propuso una solución política al consenso a través del parlamento de la isla griega ficticia de Paxos [31][10]. En este parlamento los problemas de confianza no vienen de la sospecha en que haya traidores, ni siquiera de que haya discrepancias políticas: toda legislación propuesta es aprobada. Sin embargo, nuestros legisladores llevan una vida disoluta, y es raro verlos a todos en el parlamento. Ahí radica el problema de confianza, que se traduce en que si el parlamento ha aprobado la ley *113-se garantiza el derecho a la información*, pero después otro grupo de parlamentarios (que no estaban en la anterior votación) promulga la ley *113-se prohíbe la copia de libros*, perderíamos la consistencia, pues la ley 113 iba a significar distintas cosas para distintos parlamentarios.

Aunque este problema parece un poco extremo en la realidad[11], es importante en las redes distribuidas asíncronas, donde nunca estamos totalmente seguros de que todos los canales o nodos estén operativos. De hecho, es un problema tan ubicuo que hay una versión de Paxos en alguna parte de las soluciones distribuidas de Google (ver capítulo 15), Amazon Web Services, Microsoft Azure, Heroku, Apache, Oracle o CrateDB.

La idea básica de Paxos funciona la estrategia de dos fases (sondeo y ejecución) que hemos visto otras veces. Sea un sistema (parlamento) con n nodos (parlamentarios). En la fase 1a, uno de los nodos (postulante) hace una propuesta número P para asignar un valor a una variable, difundiéndola al resto de parlamentarios (oyentes). En la fase 1b, los oyentes que reciban la propuesta[12] responderán al postulante, indicando que se comprometen con su propuesta. En la fase 2a, el oyente recoge las respuestas, hasta que consigue alcanzar un quorum, una mayoría cualificada (normalmente $n/2 + 1$) de compromisos. Esto asegurará que, en posteriores votaciones, al menos un nodo estará al tanto de lo que se ha decidido ahora. En la fase 2b, se notifica a todos los oyentes que cometan el cambio de valor de la variable (ver fig. 4.9).

10: Toda declaración militar de guerra acaba tarde o temprano con un acuerdo político de paz.

11: Bueno, ¡tal vez no tanto!

12: Aquellos que no se hayan caído, desconectado, saturado, que no hayan perdido el mensaje en la transmisión, etc.

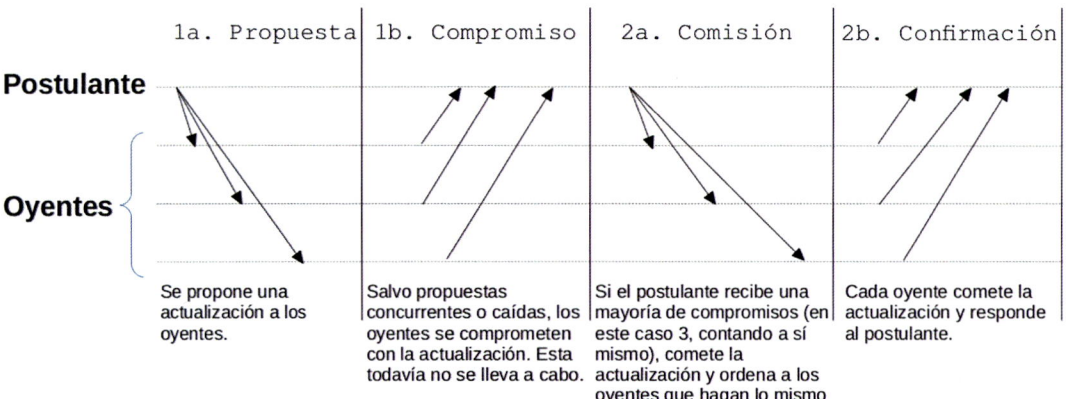

Figura 4.9: El algoritmo Paxos en su versión más sencilla, sin caída del postulante (tolera caída de oyentes).

Hasta aquí vemos un funcionamiento que tolera la caída de oyentes, mientras haya un quorum suficiente que cometa la propuesta. Pero ¿qué pasa si el que se cae es el postulante? Si ningún oyente ha cometido su propuesta no hay problema. Las dificultades surgen si algún oyente ha cometido la propuesta, pero no todos (porque el postulante se ha caído antes de mandar todas las órdenes de cometer, por ejemplo). Para solucionar esta inconsistencia, cuando en la fase 1b los oyentes se comprometen con una propuesta, indican su último valor cometido (o ningún valor, si no se han comprometido con ninguno que no esté consolidado). Así, el postulante sabe que no puede proponer cualquier valor, sino el mayor de entre los valores que le lleguen en las promesas. solo si no le llega ningún valor en las promesas, elige el valor que él quiera (ver fig. 4.10).

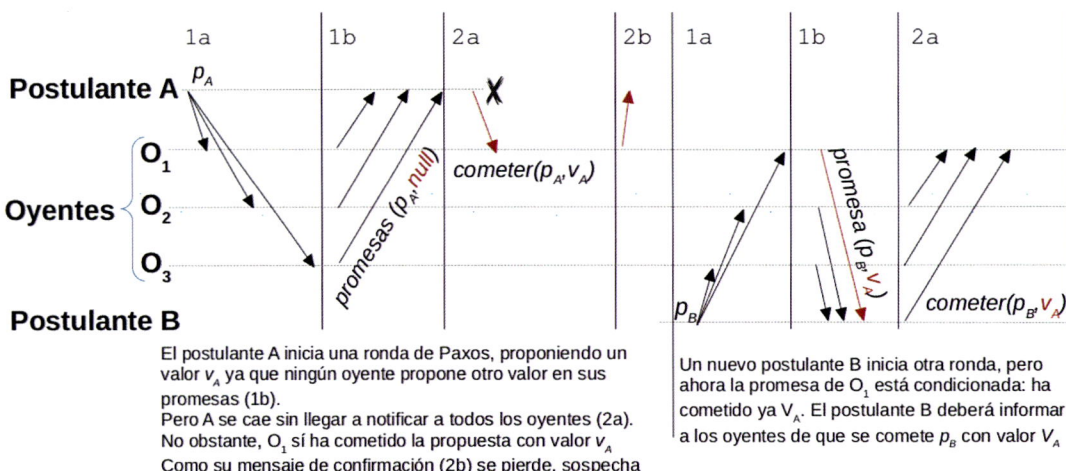

Figura 4.10: El algoritmo Paxos cuando cae el postulante pero alguno de los oyentes ha cometido su propuesta. Para mantener la consistencia, el nuevo postulante deberá adaptarse a esta situación.

4.4.3 Algoritmos BFT

Paxos tiene en cuenta fallos por omisión: los nodos se pueden caer o no responder. Pero ¿qué pasa si tenemos fallos arbitrarios? Para ello se proponen los algoritmos Tolerantes a Fallos Bizantinos (BFT por sus siglas en inglés), de los que PBFT (Practical Byzantine Fault Tolerance) [32] es el primero y posiblemente el más utilizado.

PBFT asume que los procesos pueden tener fallos bizantinos, siempre que sean menos de un tercio de los nodos del sistema. El algoritmo va a utilizar un mecanismo similar al de Paxos, de manera que un nodo primario o postulante diseminará la propuesta de actualización al resto de nodos de respaldo u oyentes. La diferencia con Paxos es que ahora vamos a dudar del nodo primario, más allá de posibles caídas. Para que las peticiones se ejecuten de manera consistente a pesar de posible fallos bizantinos, se involucrará más a los oyentes en el fase 1b y 2a (ver fig. 4.11).

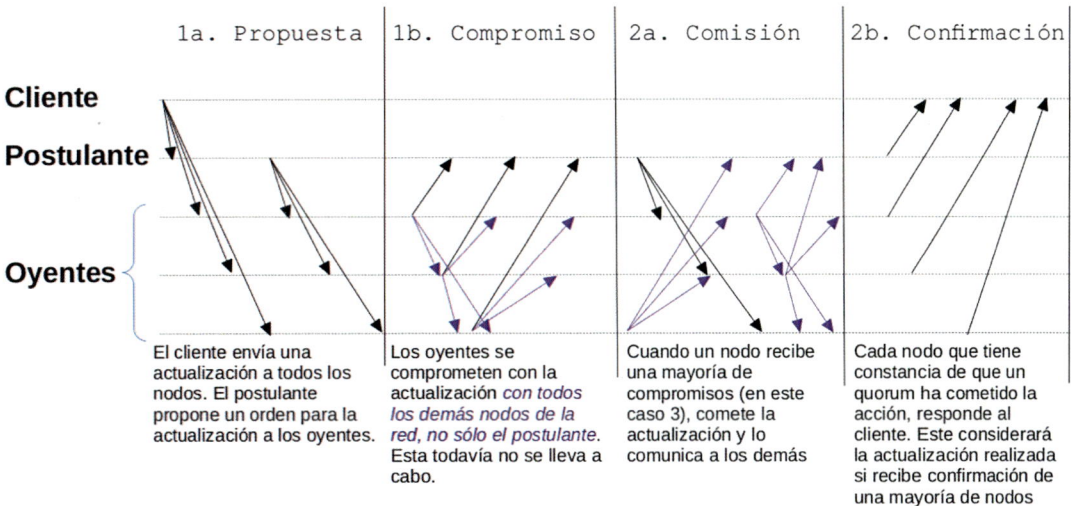

1a. Propuesta	1b. Compromiso	2a. Comisión	2b. Confirmación
El cliente envía una actualización a todos los nodos. El postulante propone un orden para la actualización a los oyentes.	Los oyentes se comprometen con la actualización *con todos los demás nodos de la red, no sólo el postulante*. Esta todavía no se lleva a cabo.	Cuando un nodo recibe una mayoría de compromisos (en este caso 3), comete la actualización y lo comunica a los demás	Cada nodo que tiene constancia de que un quorum ha cometido la acción, responde al cliente. Este considerará la actualización realizada si recibe confirmación de una mayoría de nodos

Figura 4.11: Esquema básico del algoritmo PBFT. *Adaptado de la fig. 1 del artículo original [32].* En morado se han resaltado los mensajes adicionales respecto al algoritmo básico de Paxos.

Simplificando, la idea es hacer un Paxos con cotilleo, con más conocimiento por parte de los oyentes. En la fase 1a el cliente no comunica su petición de actualización del valor solo al postulante, sino a toda la red de nodos. El postulante simplemente propone un orden de ejecución de la petición. En la fase 1b los oyentes no solo responden al postulante, sino también *a todos los demás oyentes*. No se fían mucho del postulante (que recordemos, ahora suponemos que puede fallar de modo bizantino), así que prefieren que todo el mundo esté al tanto. La fase 2a la realizan también todos los nodos, cada uno recogiendo suficientes mensajes del resto como para hacer quorum (mayoría), y en ese caso cometer la acción. En la fase 2b, cada nodo que haya cometido la acción responde al cliente, que considerará que la operación se ha realizado si recibe un quórum de respuestas.

4.4.4 Raft

13: La página web de Raft es bastante informativa. Una buena descripción gráfica del algoritmo se puede encontrar en The Secrets Lives of Data. Raft significa 'balsa', y hace referencia a los troncos que la componen. Tronco en inglés es *log*, la palabra que se usa en informática para denominar los registros o diarios de actualizaciones.

Raft[13] busca hacer un algoritmo de consenso más simple y comprensible que Paxos. De hecho, ese es el propio título de la conferencia en la que se presentó: *In search of an Understandable Consensus Algorithm* [33].

Con este objetivo en mente, Raft se deshace de la posibilidad de tener varios postulantes, definiendo líderes únicos, elegibles por métodos similares al algoritmo del abusón (ver capítulo 4.2.1). En Raft, se vota al primer proceso que se postule como líder, no al de identificador más alto. En vez de esperar a la detección por timeouts de un líder caído, utiliza un 'latido' periódico por el que el actual líder renueva su vigencia al resto de nodos. El líder es el responsable de recibir y difundir las actualizaciones o decisiones, en un modelo similar al de replicación pasiva (ver capítulo 7.1.1). Aprovechará esos latidos para difundir las actualizaciones.

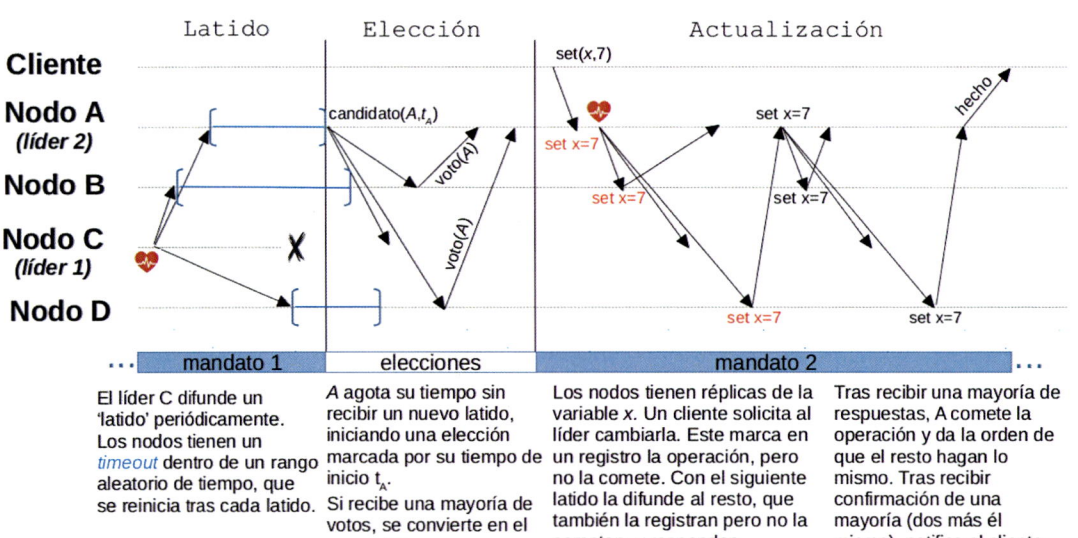

Figura 4.12: Esquema básico del algoritmo Raft.

Los latidos también sirven como reenvíos, en caso de que algún nodo no haya confirmado la recepción de las actualizaciones. Todas las actualizaciones son tentativas, y solo se cometen cuando el líder tiene confirmación de una mayoría de nodos.

Raft tiene también en cuenta la posibilidad de que un nodo no haya cometido algunas actualizaciones y de repente se convierta en líder. Para evitar esto, durante una elección, el candidato debe incluir su listado de actualizaciones, de manera que los votantes le negarán el voto si su listado está más actualizado que el del candidato. En el caso de particiones de red, tendremos dos subredes, cada una con líderes distintos. La subred con una mayoría de nodos cometerá las actualizaciones, mientras la otra solamente tendrá operaciones tentativas. Cuando la partición se solvente, el líder de la subred más pequeña verá que el número de actualizaciones de la otra red es superior, cediendo el liderazgo y aplicando las actualizaciones que no se hubieran cometido.

DATOS DISTRIBUIDOS

Sistemas de Archivos | 5

Compartir un archivo es sencillo. Solamente hay que colgarlo en un servidor y que cada cual se lo descargue. Sin embargo, si se trata de archivos editables, tan pronto como otra persona lo descarga, hemos perdido la consistencia. Esa otra persona lo modificará y ya no será igual que el que tenemos en nuestro servidor, o el que tienen otras personas.

Mantener un sistema de archivos coherente en un entorno distribuido va a ser un poco más complejo.

5.1 NFS

El sistema de archivos en red (Network File System) tiene un nombre que no da lugar a equívocos. Desarrollado en 1984, sigue vigente a día de hoy[1]. NFS se construye sobre la estructura del sistema de archivos local de los clientes. De hecho, está tan imbricado en los sistemas UNIX que suele ser parte del *kernel*, el núcleo de aplicaciones básicas del sistema operativo. Como tal, está por tanto presente en la mayoría de servidores de la red[2]. NFS añade al sistema de archivos local una capa o sistema de archivos *virtual* que, como ocurría con el middleware, va a redirigir las operaciones sobre archivos remotos al servidor, sin alterar significativamente las operaciones sobre archivos en general.

En sistemas UNIX, se utiliza un identificador único para archivos, un número llamado *i-nodo*. NFS propone un *v-nodo* que será el i-nodo en el caso de archivos locales y un manejador en el caso de archivos remotos. Dicho manejador es básicamente el número de i-nodo del archivo en el servidor más un número de generación de i-nodo. Se trata simplemente de una forma de asegurarnos que estamos refiriéndonos al archivo correcto, ya que, como pasa con los números de teléfono, los i-nodos se reutilizan cuando los archivos ya se han borrado (ver fig. 5.1).

Un cliente de NFS monta un servicio de archivos remotos como quien enchufa un disco duro externo: se verá como una nueva 'unidad' accesible desde su sistema de archivos. Simplemente, cuando trate de acceder a cualquier contenido de esa unidad, internamente se hará la consulta adecuada al servidor. En el

1: La versión 4.2 de NFS se publicó en 2016, y la 4.1 se revisó en 2020.

2: Más de un 80 % de los servidores operan con un sistema tipo UNIX, generalmente Linux [34], entre ellos los de Google (ver capítulo 9.2.1).

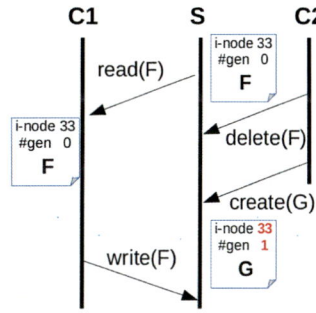

Figura 5.1: Este es un ejemplo de la necesidad de números de generación. C1 obtiene una copia del archivo F, pero después se borra ese archivo en el servidor, a petición de C2. Luego se crea un nuevo archivo G, con la 'mala suerte' de que se reutiliza el número de i-nodo de F, pero se incrementa el número de generación. Así, el servidor no confunde F y G en la escritura de C1.

3: En informática, usamos el término *transparencia* para referirnos a cualidades del software que el usuario final no percibe. Realmente, es un término un poco contraintuitivo, porque lo que estamos haciendo es lo contrario a ser transparente, estamos 'ocultando' procesos para que el usuario no se tenga que preocupar por ellos.

4: La información puede ser un archivo entero, o una parte del archivo. Los tiempos de refresco, por ejemplo en el sistema operativo Solaris, están en el rango de entre 3 y 30s.

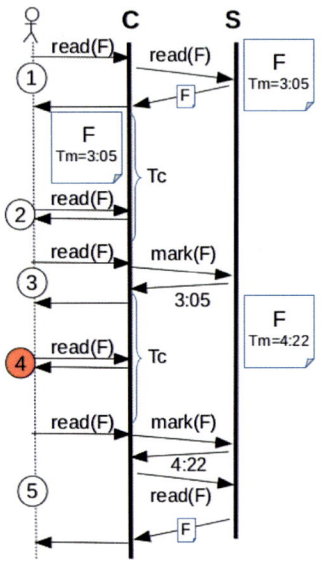

Figura 5.2: 1) El cliente C solicita un archivo F al servidor S. F todavía no está en caché, hay que transferirlo completo, con su marca temporal T_m desde el servidor.
2) Las solicitudes dentro del tiempo de refresco se hacen sin consultar al servidor.
3) Las solicitudes fuera de tiempo de refresco requieren una consulta por si hubiera modificaciones en el archivo del servidor.
4) Una solicitud dentro del tiempo de refresco siempre tiene el riesgo de que el archivo se haya modificado en el servidor.
5) Una solicitud fuera del tiempo de refresco que obtenga una marca temporal distinta tiene que solicitar de nuevo el archivo.

mejor de los casos, para el cliente resultan unos accesos un poco más lentos, aunque si hay problemas de red o estamos haciendo muchas actualizaciones de archivos, la transparencia puede resentirse[3].

Las operaciones de lectura del cliente son sencillas: simplemente referencia al v-nodo y obtiene la información desde el servidor. Para evitar consultas constantes al servidor, la información en el cliente se considera válida durante un tiempo máximo de refresco T_c.[4] Además, al recibirla, obtenemos su tiempo de última modificación T_m. Si pasa el tiempo de refresco, se consulta con el cliente cuál es su último tiempo de modificación T_m. Si es igual al nuestro, la copia sigue válida y reseteamos el tiempo de refresco. Solo si ha pasado el tiempo de refresco y las marcas temporales son distintas, volvemos a solicitar el archivo al servidor (ver fig. 5.2).

Existe el riesgo de que el archivo se actualice mientras hacemos consultas dentro del tiempo de refresco. Es un riesgo relativamente pequeño, pero si queremos asegurar la consistencia de manera absoluta, podemos recurrir a un sistema más estricto que las cachés: el bloqueo de archivos (Network Lock Manager). NLM tratará cada archivo como una sección crítica (ver capítulo 4.2). A cambio de asegurar al 100 % la consistencia, NLM puede ser mucho más lento que el sistema de cachés.

Como vemos, NFS es muy estricto en cuanto a la consistencia, lo cual puede afectar a la velocidad con que se da respuesta a las peticiones.

5.2 AFS

Andrew File System[5] se diseña con la idea de aumentar la velocidad de respuesta, a costa de asumir problemas con la consistencia.

AFS se basa en la idea de que, en la mayoría de los sistemas de archivos distribuidos:

▶ Los clientes pueden alojar cachés locales grandes (p. ej. 100 MB) sin problemas.
▶ La mayoría de los archivos que se editan son archivos de texto, de pequeño tamaño.
▶ La lectura es mucho más frecuente que la escritura.
▶ La mayoría de archivos son accedidos por un único usuario (la concurrencia es baja).

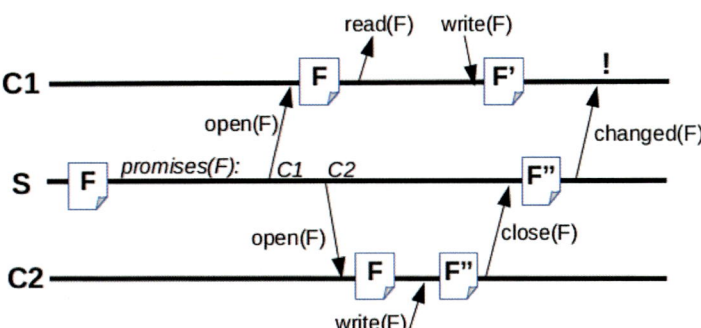

Figura 5.3: Sistema de archivos completos y promesas en AFS. Dos clientes $C1$ y $C2$ obtienen el archivo completo F del servidor S, que recuerda que tiene que avisarles si el archivo se modifica (promesas). Cada uno hace las lecturas y escrituras sobre su copia local. $C2$ es más rápido y guarda su versión (F'') en el servidor mediante la operación *close(F)*. S modifica el archivo y avisa, como prometió, a $C1$ del cambio. $C1$ conoce así que el archivo se ha modificado, y ¡que su versión está desactualizada!

Con estas asunciones, podemos relajar la consistencia para escalar el sistema sin problemas de rendimiento. Para ello, AFS va a jugar con el concepto de sistema de archivos completos: todo el contenido de los archivos se transmite al cliente, que almacena en caché cientos de archivos a la vez. Para conseguir esto, introducimos las operaciones *open* y *close*, que van a ser las únicas por las que los clientes se comunicarán con el servidor AFS. Las operaciones de lectura y escritura se harán directamente sobre las copias locales. La operación *open* solicitará un archivo remoto del que no tenemos copia en caché.[6] La operación *close* envía la copia local al servidor, en caso de que haya sido modificada por el cliente.

Un aspecto fundamental de AFS son las *promesas*. Cuando el servidor transfiere un archivo a un cliente en una operación *open*, lo hace con la promesa de que, si el archivo se ve modificado por un tercero, avisará al cliente. Del mismo modo, cuando el servidor recibe una petición *close* sobre un archivo, revisará su historial de promesas para avisar a cualquier otro nodo que le haya solicitado ese mismo archivo (ver fig. 5.3).

No obstante, el aviso de que el archivo se ha modificado puede llegarnos después de que hayamos modificado la copia local, rompiendo la transparencia: el cliente se da cuenta de su modificación no prosperará. Debe desecharla, o bien recuperar la nueva versión y aplicar sus cambios sobre ella.

5: Se llama así por Andrew Carnegie y Andrew Melon, los dos fundadores de la Universidad Carnegie Mellon, donde fue desarrollado.

6: Nótese que en NFS estas operaciones open/close no existen: cualquier lectura o escritura implica comunicación con el servidor, o al menos confirmación local de los timeouts.

5.3 Optimismo y pesimismo

NFS y AFS representan dos filosofías opuestas de trabajo con sistemas de archivos distribuidos, aplicables a cualquier sistema de replicación. NFS ata en corto las copias de archivos de los clientes, obligando a chequeos cada pocos segundos, o incluso a tratar el archivo como una sección crítica. AFS usa una estrategia de control de la concurrencia optimista (OCC), la cual asume que "la mayoría de las transacciones se completan sin interferencias". Para que la OCC no termine con distintas versiones del archivo como le podría pasar a C1 en la Figura 5.3, las escrituras deben ser *tentativas*. De este modo, los cambios se pueden revertir (*rollback*) si hay modificaciones concurrentes, o bien cometer (*commit*) en caso contrario. Veremos más de esto al hablar de replicación en el capítulo 7.

Muchos sistemas OCC siguen el esquema de AFS, 'rompiendo' la transparencia e involucrando al cliente en la resolución de conflictos de escritura. Esta es la opción de MediaWiki o los sistemas de control de versiones.

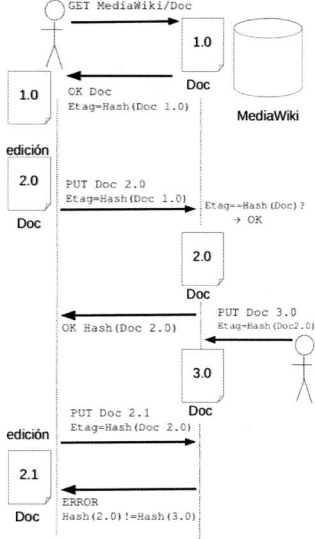

Figura 5.4: El gestor de medios de Wikipedia utiliza una estrategia optimista: generalmente, no habrá dos usuarios modificando concurrentemente el mismo archivo. Si esto ocurre, el usuario recibe un error y debe descargar la copia actualizada antes de cometer sus cambios.

MediaWiki

El sistema de edición vía HTTP de MediaWiki, el motor de Wikipedia debe lidiar con problemas de versionado de los artículos cuando hay dos o más usuarios editando el mismo texto a la vez. El funcionamiento es más o menos el siguiente: cuando solicitamos una página para su edición, el método GET retorna con un atributo de cabecera *Etag*, que contiene un código hash calculado a partir del contenido de la página. Cuando terminamos la edición y queremos subir la nueva versión mediante una acción PUT, debemos incluir dicho atributo con el hash original. Cuando MediaWiki recibe la orden PUT, compara el hash recibido con el hash que tiene actualmente la página. Si coinciden, es que nadie ha modificado la página mientras nosotros estábamos editándola, y la actualización se lleva a cabo con éxito. Si no, se retorna un error. Nos toca actualizar a la nueva versión del artículo, modificarlo de nuevo y volver a probar suerte (ver fig. 5.4).

La resolución de conflictos es un tanto farragosa, pero MediaWiki confía que las posibilidades de que dos personas estén modificando el mismo artículo (o sección) al mismo tiempo son muy bajas, con lo que merece la pena el riesgo, a cambio de tener un sistema sencillo de edición.

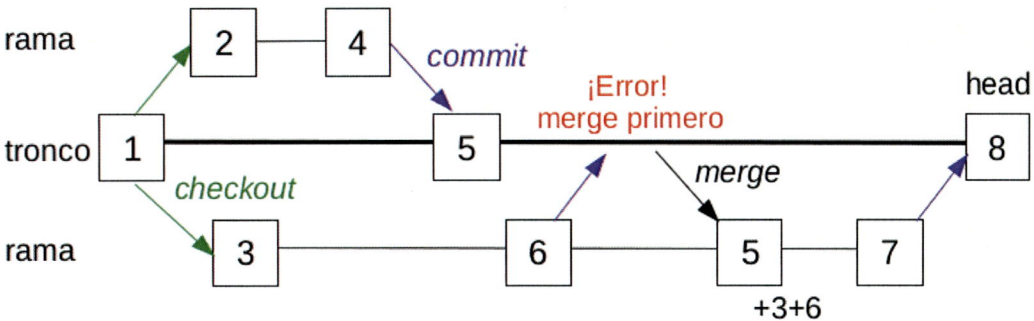

Figura 5.5: Un ejemplo de sistema de control de versiones con un tronco y dos ramas tras operaciones *checkout*. Las modificaciones ocurren en paralelo en las dos ramas, actualizando el tronco con operaciones commit. Cuando la operación *commit* no tiene en cuenta las versiones que han ocurrido desde el último *checkout*, es necesaria una operación *merge*. En este caso, la operación de fusión requerirá en primer lugar actualizarse de la versión 1 a la 5, y luego aplicar las versiones 3 y 6, para lograr una nueva versión 7 que se podrá cometer al tronco.

5.3.1 Sistemas de Control de Versiones

El desarrollo de software es un caso típico de datos distribuidos. Tanto en grandes empresas como en el mundo del software libre, el código es desarrollado por muchos programadores de manera concurrente. De manera similar a Wikipedia, se espera que pocas personas estén modificando el mismo código a la vez, así que los sistemas de control de versiones (CVS) utilizarán una estrategia optimista de control de la concurrencia.

En 2000 Apache publica Subversion (SVN), que perfecciona Current Version System, un sistema de control de versiones todavía susceptible de mejoras. SVN se basa en un repositorio central (*trunk*) sobre el que revierten las modificaciones hechas en las versiones de los desarrolladores (*branches*). Dicha actualización del repositorio se denomina *commit*, y ocurre de manera similar a la que hemos visto para MediaWiki (ver fig. 5.5). Es decir, si nadie ha modificado el código que estamos tocando, la actualización ocurre sin problemas, pero si no es así, deberemos hacer antes una operación de fusión de nuestra versión con la última versión del tronco (operación *merge*).

7: Linus hace la broma de que le pone su nombre a sus creaciones: Linux es una mezcla de su propio nombre y UNIX, mientras que *git* significa idiota. Ese es un poco el espíritu de la descentralización en Git: no quiero fusionarme con idiotas.

Git aparece unos años más tarde de la mano de Linus Torvalds, con una filosofía distinta[7]. En proyectos grandes como el de Linux, SVN podría presentar graves problemas, al haber muchas modificaciones concurrentes. Las operaciones commit se suelen convertir en este tipo de proyectos en tareas complicadas, con muchas dependencias y operaciones de fusión difíciles. Para solucionar esto, y también con la idea de favorecer la divergencia entre proyectos, Git usa una filosofía descentralizada: cualquier rama puede convertirse en un nuevo tronco. Así, una versión depurada no se ve obligada a fusionarse en el mismo repositorio que muchas otras versiones de terceros a los que no se conoce, o en los que no se confía, o que se consideran inapropiadas. Para poner en práctica esta idea, Git va a formalizar repositorios locales propios para cada rama (ver fig. 5.6).

Así, las operaciones *checkout* y *commit* se reservan para las operaciones sobre el repositorio local, y aparecen las operaciones análogas *pull* y *push* entre el repositorio local y el remoto. Hay también un índice o caché intermedia sobre la que se preparan los commit mediante una operación *add*.

Además de Git, existen otros sistemas de control de versiones modernos, especialmente Mercurial, utilizado por Mozilla o Facebook. Mercurial es un poco más sencillo de usar que Git, pero no tiene su flexibilidad. No obstante, en esencia utilizan un modelo similar.

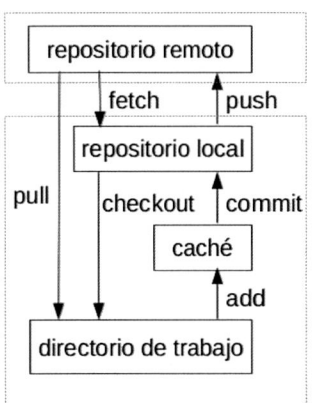

Figura 5.6: Del repositorio remoto se extrae la copia local mediante *pull*, que convive con un directorio de trabajo sobre el que se realizan los cambios. Dichos cambios se consolidan en local con las operaciones *add+commit* y en remoto con *push*. Para mantener las versiones sincronizadas, debemos recurrir a las operaciones *fetch*, *checkout* y, sobre todo, *pull* antes de cometer nuestros cambios, como en otros modelos de concurrencia optimista.

P2P | 6

Los modelos centralizados son sin lugar a dudas los más extendidos, y sin duda también existe la capacidad técnica para escalarlos hasta los niveles actuales, gracias a soluciones como las que vimos en el capítulo anterior, o las que veremos en el siguiente. Pero esto no está exento de costes ni de problemas. El servidor de un servicio exitoso es un punto único que recibe millones de peticiones, que tiene que almacenar multitud de información, mantener unas autopistas de entrada y salida amplias, y que recibe ataques continuamente. Para sobrellevar los problemas de escala, el servidor se replica, se trata de equilibrar la carga, de proteger frente a ataques, y de mantener un ancho de banda apropiado. Todo esto tiene unos costes añadidos nada despreciables. En el caso de Google, el mantenimiento y creación de sus centros de datos le supuso en 2019 en torno al 10 % de todos sus ingresos[1]. Netflix, que para evitar quebraderos de cabeza subcontrata su infraestructura a Amazon Web Services, le paga en torno al 20 % de todos sus ingresos [36]. Y, sin embargo, toda esta inversión no libra a ningún servicio centralizado de caerse. Solo en 2020, Google experimentó fallos en Gmail y Google Drive (agosto), YouTube (noviembre) y todos sus servicios (diciembre). Gmail ha experimentado fallos en 2009, 2012, 2013, 2014, 2019 y 2020. Tampoco los libra de problemas de seguridad. No es una cuestión de si un sistema centralizado es seguro o no, sino de cuándo o con qué frecuencia tendrá caídas o brechas de seguridad[2].

1: Se estima que el mantenimiento de un centro de datos grande puede costar entre 10 y 25 millones de dólares [35], y Google cuenta con más de 30 centros. En 2019, gastó además unos 13 000 millones de dólares en la construcción de nuevos centros de datos. Sus ingresos en 2019 fueron de 161 900 millones de dólares.

2: Por ejemplo, la lista de robo de datos es extensísima y no se libra nadie. Aquí tenéis una visualización de Information is Beautiful.

Un servidor, como el rey, siempre tiene sobre sus hombros la pesada carga de ser infalible, algo que todos sabemos imposible. La solución es diseñar un sistema a prueba de la concentración de poder o responsabilidades sobre una sola máquina. Como bien sabía Gandalf, la solución es destruir el anillo único. Un diseño a prueba de acumulación de poder. Algo que hemos ensayado con la división de poderes, o con los *checks and balances* de la democracia representativa. Algo parecido es lo que buscan los modelos de iguales o *Peer to Peer* (P2P), el reparto descentralizado de la carga de trabajo y de los privilegios, en distintas tareas distribuidas.

6.1 Napster

Como hemos visto (ver capítulo 1.2.1), Napster propuso una alternativa sencilla para la compartición de archivos de solo lectura (archivos de música) sin necesidad de un servidor central que almacenara todos esos archivos. Napster ofrecía un servidor de índices, un servicio ligero que simplemente, ante la consulta de un archivo, retornaba una lista con todos los usuarios que lo tenían. A partir de ahí la transferencia ocurría entre usuarios, liberando así al servidor de la necesidad de un ancho de banda y una capacidad de almacenamiento muy alta (ver fig. 6.1).

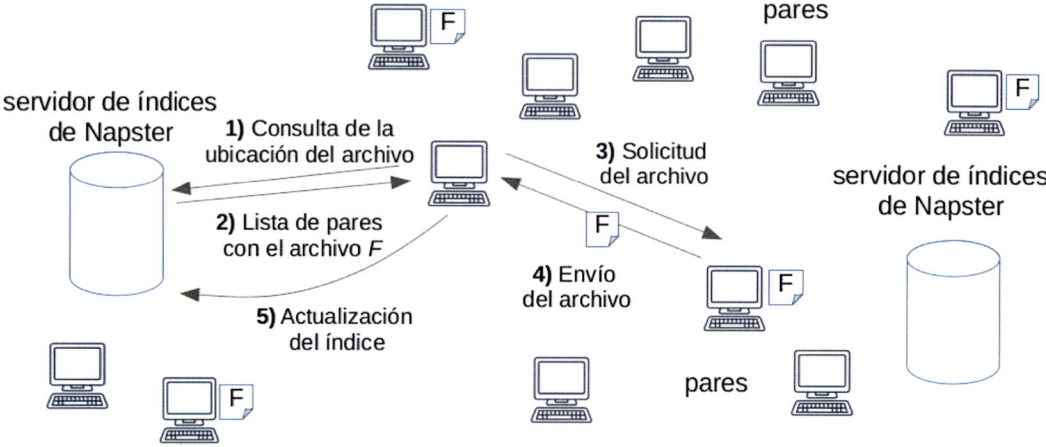

Figura 6.1: Funcionamiento de Napster. Figura adaptada a partir de la figura 10.2 de Colouris *et al.* [2].

6.2 BitTorrent

Desde 2000 y el terremoto Napster, las arquitecturas horizontales han convivido, con mayor o menor importancia, con las arquitecturas más verticales tipo cliente-servidor, en todas sus variantes. Del lanzamiento de Napster a la consolidación de BitTorrent y las versiones totalmente descentralizadas de los protocolos de compartición apenas pasarán 5 años, demostrando que la tecnología y la necesidad estaban muy maduras.

BitTorrent es probablemente el máximo exponente del modelo P2P. Publicado en 2001, más de 20 años después siendo un modelo con buena salud. BitTorrent fue diseñado, como Napster, para compartir archivos de solo lectura, aunque en este caso con el foco en archivos de vídeo. En 2009, más del 50 % del tráfico en Internet se debía a redes P2P, principalmente

BitTorrent [37]. En 2022, tras la popularización de los servicios de *streaming*, su cuota total de tráfico ha caído por debajo del 3 %, aunque sigue siendo la primera fuente de tráfico de subida (en torno al 10 %), por encima de Google, Facebook, Netflix, YouTube o el propio protocolo HTTP [38][3].

La idea de BitTorrent, "torrente", evoca una gran cantidad de agua, un desbordamiento. Ese es un concepto central en una red P2P: su fuerza emana de la cantidad de máquinas involucradas. Puede parecerse, salvando las distancias, al concepto de democracia, literalmente la fuerza (*kratos*) del pueblo (*demos*). El protocolo de BitTorrent se centra en un par de conceptos. El primero es el de la descarga en paralelo de trozos (*chunks*) de archivos grandes, desde distintas máquinas. El segundo es el de la ubicación de las máquinas que tienen los trozos que buscamos. Ambas informaciones (los trozos que componen un archivo, y dónde puedo descargarlos) se encuentran en un archivo de metadatos, o archivo *torrent*. Los clientes de BitTorrent son capaces de interpretar este archivo para acudir a los pares que tienen los trozos y coordinar la descarga. Igualmente, tienen la tarea de servir los archivos en su máquina a otros pares que los soliciten. Conceptualmente, el algoritmo es relativamente trivial y –casi– totalmente descentralizado (ver fig. 6.2). Ya no hay un servidor único de índices como en Napster, pero sigue existiendo un servidor de índices, el tracker, que puede ser distinto dependiendo del archivo torrent.

BitTorrent define un protocolo, no una arquitectura estática como la de Napster. A nivel legal, esto hace imposible perseguir a unas instrucciones, y la persecución de los trackers, variables para cada archivo, es más difícil, aunque no ha evitado las condenas, por ejemplo, a The Pirate Bay[4].

El archivo torrent de BitTorrent ha evolucionado hacia simplemente una URN (un Nombre Único de Recurso) que, de manera similar a una URL (Localización Única de Recurso), identifica de manera inequívoca un archivo. Estas URNs en BitTorrent se llaman *enlaces magnéticos*, y básicamente contienen el identificador exacto (exact topic, *xt*) de un archivo. Este identificador no es su nombre ni su ruta en un servidor, sino una clave hash de su contenido. De esta manera, aseguramos que el recurso es el correcto, y no alguna corrupción o algún contenido distinto del que dice el nombre. Utilizar un hash, una función que asocia de manera única un número a un contenido, es una estrategia muy común para evitar corrupciones, que se usa en muchos ámbitos distribuidos, desde la edición colaborativa de textos en MediaWiki (capítulo 5.3) o la estructura de datos

3: Cada vez hay menos estudios académicos que clasifiquen el tráfico de red por tipo. Los datos que aporto aquí vienen de la empresa Sandvine para 2022. En 2023, cambiaron su manera de cuantificar el tráfico de BitTorrent [39], de forma un tanto extraña. Ahora el protocolo Kademlia se cuenta por una parte y la propia transferencia de archivos por otra. Parece extraño que si el direccionamiento se lleva el 3.54 % del tráfico *upstream* en la región de Asia-Pacífico (única región en la que aparece BitTorrent en este informe), la transferencia de archivos de subida (el grueso del trafico) solo sea del 4.98 %. Estas dudas metodológicas surgen del hecho de haber dejado estudios tradicionalmente realizados en la academia, en manos de empresas.

4: *The Pirate Bay. AFK* (2013) es un documental sobre este proceso.

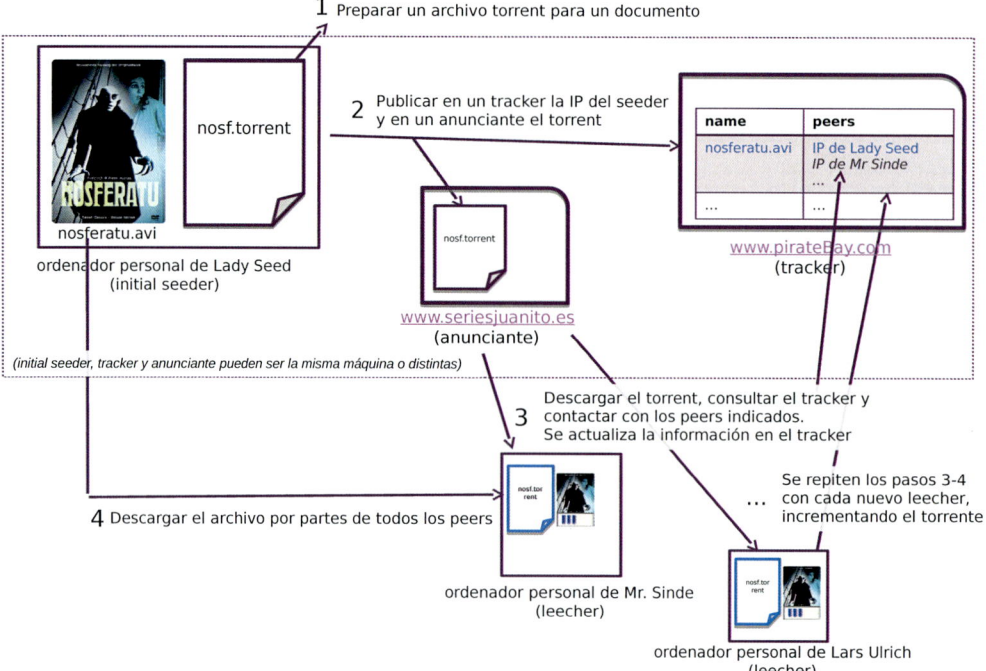

Figura 6.2: El protocolo de BitTorrent. Procedimiento de preparación y publicación de archivos torrent (pasos 1 y 2) y de descarga (3 y 4).

por debajo de Bitcoin (capítulo 8.1.2), hasta como método para evitar trampas en juegos de estrategia online.

El enlace magnético permite identificar también el nombre asociado al hash (display name, *dn*) y también una lista de trackers (*tr*) que saben qué máquinas alojan el recurso. Aunque esta es la opción más utilizada, el enlace magnético puede no contener información sobre ningún tracker. Se trata de la versión *trackerless* de BitTorrent, donde hemos descentralizado totalmente el sistema: la información sobre dónde están los archivos pasa a ser una responsabilidad compartida entre todos los nodos, y no de un tracker o servidor de indizados. La tabla de índices se puede ver como una libreta de contactos, con información sobre recursos (claves) y sobre las máquinas que los tienen (valores). Esta tabla de índices o tabla hash (pues la identificación de los recursos, como en los enlaces magnéticos, es mediante hash) podemos gestionarla en una ubicación única o tracker, o podemos trocearla para que la gestionen entre todos los pares. A esto último lo llamamos un Tabla Hash Distribuida (DHT). Cada par tendrá la responsabilidad de conocer la ubicación de un número limitado de los recursos (ver fig. 6.3).

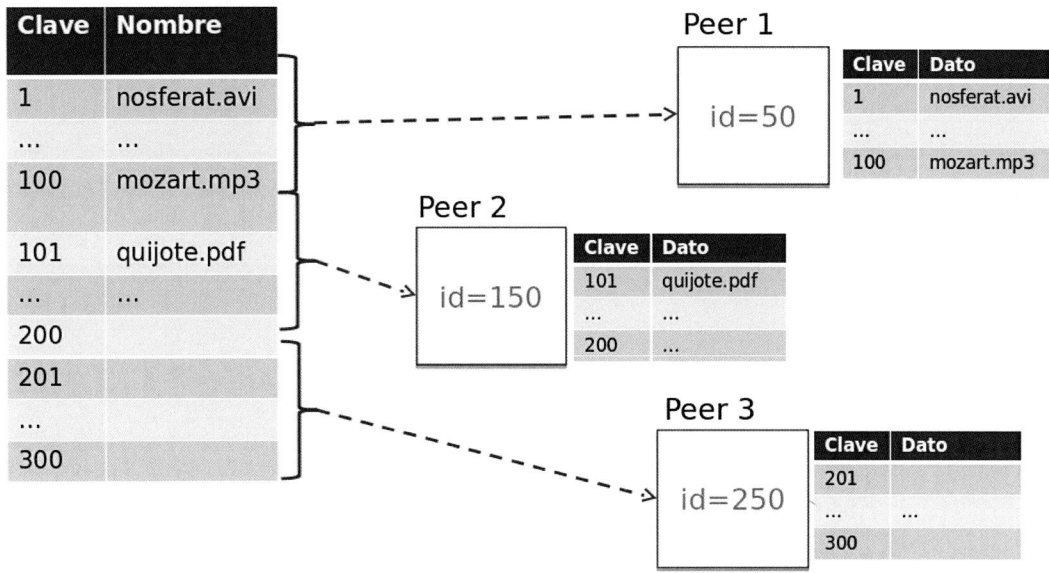

Figura 6.3: La Tabla Hash Distribuida (DHT). Cada nodo es responsable de mantener la información sobre algunos de los recursos que hay disponibles en el sistema. La información a mantener es, normalmente, la lista de IPs que tienen el recurso. El nodo que contiene la entrada de un recurso no necesariamente tiene que tener dicho recurso. Por claridad se han puesto como identificadores nombres, pero normalmente los identificadores son los hashes del contenido de los archivos. A cada nodo se le asignan las ubicaciones de los recursos cuyo hash está más cerca de su identificador que de cualquier otro. Generalmente, la cercanía es aritmética, no topológica.

6.3 Viajando a Wudan a la antigua usanza

Si queremos ir desde Salamanca hasta Wudan, un pueblecito de China, en coche, podríamos hacerlo sin problemas preguntando a la gente durante el camino cómo llegar. Claramente, no podríamos preguntarle a un paisano en Salamanca qué carretera coger para llegar a Wudan, pero sí podríamos preguntarle cómo llegar a Valladolid. Y en Valladolid, podríamos preguntar cómo llegar a Burgos, o tal vez alguien supiera decirnos directamente cómo llegar a Francia. Y en Francia alguien nos sabría explicar cómo llegar a Alemania. Así sucesivamente, con cada nueva indicación, aprovechamos el conocimiento local de las personas del entorno para ir dirigiéndonos a nuestro destino. Así podríamos llegar a Wudan sin recurrir al todopoderoso Google Maps[5], aunque requeriría muchas más interacciones. Este es el funcionamiento del direccionamiento solapado (*routing overlay*), la estrategia para ir preguntando a las DHT alojadas en cada máquina por un determinado recurso. En el caso de Kademlia, la implementación de routing overlay

5: Existen alternativas de software libre o abierto que respetan la privacidad, como Organic Maps.

que utiliza BitTorrent[6], esto se hace de manera muy eficiente gracias a la operación binaria XOR. El XOR (OR eXclusivo) es la versión informática de "o una cosa o la otra, pero no las dos" y nos va a permitir determinar las diferencias, a nivel de bits, entre dos números (figura 6.4).

6: También la usa la blockchain Ethereum, los protocolos de GNUnet o la red anónima I2P. Existen otras implementaciones de DHT, como Chord, Pastry o Tapestry.

```
43210 posición
10001
      XOR
10111
-----
00110
```

Figura 6.4: La operación XOR nos dice los bits que son distintos entre dos números binarios. En este caso, la posición 1 y la 2. Kademlia utilizará la posición mayor en la que son distintos para su enrutamiento

Cada nodo y cada recurso en Kademlia tiene asociada una clave hash de 160 bits[7]. En el caso de los nodos, esta clave se genera aleatoriamente para cada nodo, y determinará qué recursos son su responsabilidad: aquellos cuyas hash estén más cerca de su clave que de cualquier otra. Esta asignación de responsabilidades se hace de manera dinámica, así que cuando se da de alta un nodo, se le asigna una clave aleatoria, se determina qué recursos son los más cercanos y se puebla su DHT con ellos[8]. De igual manera, si el nodo se da de baja, su conocimiento sobre las ubicaciones se redistribuye a los nodos que ahora quedan más cercanos. Los nodos pueden tener también en sus tablas DHT ubicaciones de recursos de los que no son responsables de conocer su ubicación (al no ser los más cercanos), por ejemplo, si son recursos que han subido, bajado, o consultado recientemente.

7: IPv6, por ejemplo, tiene un espacio de claves de 'solo' 128 bits.

8: Es decir, se le asigna el conocimiento sobre las direcciones en las que están esos recursos, pero no se mueven ni copian los recursos en sí.

Además de su porción de la tabla hash, cada nodo mantiene una tabla de encaminamiento, que funciona como una lista de contactos o nodos conocidos, ordenados según la distancia a que se encuentren del nodo. Cuando un nodo A pregunta por un recurso R a un nodo B, si este no tiene R en su tabla hash, hace la operación R XOR B para determinar cómo de lejos está B de R[9]. Luego busca en su tabla de encaminamiento los nodos más cercanos a R, y se los retorna a A. De este modo, como máximo en 160 peticiones, A obtendrá la lista de IPs que tienen R (ver figura 6.5 para un ejemplo). Es una estrategia muy rápida, pues tiene una complejidad lineal (160) para un espacio de búsqueda exponencial (2^{160}).

9: Si B sí tuviera el recurso, le devolvería directamente la lista de IPs que contienen el recurso de su tabla hash.

Cabe repetir que con este método cada nodo gestiona dos tablas de pares clave $\rightarrow$ valor, por un lado su porción de la DHT (hash recurso $\rightarrow$ IP de nodos que lo tienen), y por otro lado su 'libreta de contactos' o tabla de encaminamiento (distancia $\rightarrow$ lista de nodos a dicha distancia). A mayor distancia, hay más nodos que podríamos conocer, así que para evitar que las distancias más altas estén saturadas de nodos, se suele limitar el tamaño máximo de cada entrada en la tabla de encaminamiento a un valor k (cada lista limitada se llama *k-bucket*). No es necesario conocernos al dedillo a cada persona en Wudan si somos de Salamanca, con saber de alguien de por allí cerca es suficiente.

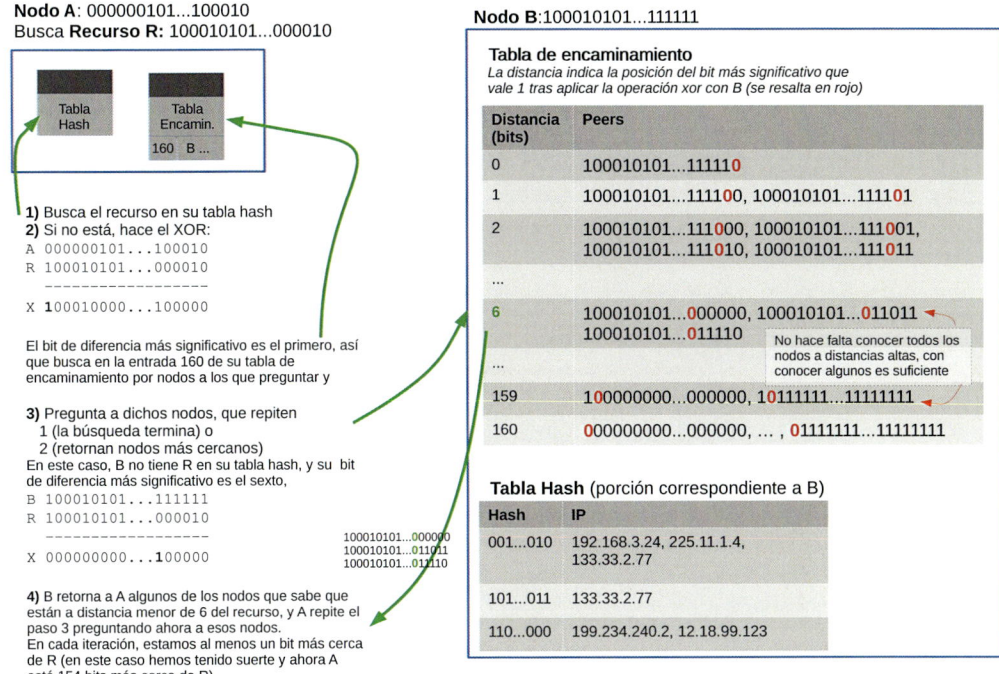

Nodo A: 000000101...100010
Busca **Recurso R:** 100010101...000010

Tabla Hash | Tabla Encamin.
160 B ...

1) Busca el recurso en su tabla hash
2) Si no está, hace el XOR:
```
A 000000101...100010
R 100010101...000010
------------------
X 100010000...100000
```
El bit de diferencia más significativo es el primero, así que busca en la entrada 160 de su tabla de encaminamiento por nodos a los que preguntar y

3) Pregunta a dichos nodos, que repiten
1 (la búsqueda termina) o
2 (retornan nodos más cercanos)
En este caso, B no tiene R en su tabla hash, y su bit de diferencia más significativo es el sexto,
```
B 100010101...111111
R 100010101...000010
------------------
X 000000000...100000
```

4) B retorna a A algunos de los nodos que sabe que están a distancia menor de 6 del recurso, y A repite el paso 3 preguntando ahora a esos nodos.
En cada iteración, estamos al menos un bit más cerca de R (en este caso hemos tenido suerte y ahora A está 154 bits más cerca de R)

Nodo B:100010101...111111

Tabla de encaminamiento
La distancia indica la posición del bit más significativo que vale 1 tras aplicar la operación xor con B (se resalta en rojo)

Distancia (bits)	Peers
0	100010101...111110
1	100010101...111100, 100010101...111101
2	100010101...111000, 100010101...111001, 100010101...111010, 100010101...111011
...	
6	100010101...000000, 100010101...011011, 100010101...011110
	No hace falta conocer todos los nodos a distancias altas, con conocer algunos es suficiente
...	
159	100000000...000000, 10111111...11111111
160	000000000...000000, ... , 01111111...11111111

100010101...000000
100010101...011011
100010101...011110

Tabla Hash (porción correspondiente a B)

Hash	IP
001...010	192.168.3.24, 225.11.1.4, 133.33.2.77
101...011	133.33.2.77
110...000	199.234.240.2, 12.18.99.123

Figura 6.5: Enrutamiento solapado en un espacio de claves de 160 bits. El nodo *A* busca un recurso *R*. Más información en la figura.

Nos queda un problemilla por solucionar. Cuando me uno por primera vez a la red de Kademlia, ¿cómo pueblo de elementos mi tabla de encaminamiento? ¿a quién pregunto inicialmente? En teoría, podríamos inundar la red preguntando mediante broadcast a todas las IPs, de manera que las que tengan un nodo DHT escuchando en el puerto correspondiente, nos respondan. Pero esta técnica, que se llama *flooding*, es costosa y no se suele usar. Es más normal tener unas 'agarraderas', es decir, algunas IPs estáticas preconfiguradas para que el nuevo nodo pregunte, en un proceso denominado *bootstrapping*. Este punto 'pseudo-centralizado' puede ser fuente de ataques o de otros problemas, y algunos críticos dicen que en el fondo solo hemos desplazado el problema del servidor de índices de Napster al tracker y posteriormente a los nodos de bootstrap.

Figura 6.6: Una bota de vaquero tiene unas tiras (*bootstraps*) que agarrar con las manos para poder meter el pie sin -excesivas- dificultades. Esta metáfora es la que usamos para designar la entrada en una red *trackerless*.

6.4 Otras aplicaciones de P2P

Aunque la compartición de archivos multimedia es el principal uso de P2P, existen otras aplicaciones, generalmente asociadas a la compartición de información que no se modifica. El uso más conocido es el de blockchain, para registrar contratos o transacciones económicas (ver capítulo 8). Otra aplicación es la sincronización de archivos para copias de seguridad, de manera alternativa al uso de servicios en la nube como Google Drive o similares. Este es el caso de Resilio Sync o Syncthing, basados en el propio protocolo de BitTorrent. También lo encontramos en servicios de streaming sobre BitTorrent (WebTorrent) o en aplicaciones de chat (Jami). Otro uso frecuente es la comunicación anónima en redes, como por ejemplo el protocolo I2P. También se ha utilizado para compartir Internet entre vecinos (OpenGarden) o mantener chats o redes sin necesidad de proveedores de Internet (Briar). Tal vez el proyecto más ambicioso y sólido es el de construir una red global totalmente descentralizada, modificando o desechando los protocolos actuales (GNUnet).

Por último, sin tratarse de una red P2P, el protocolo ActivityPub desarrollado por la W3C permite una arquitectura cliente/servidor 'flexible', donde los servidores pueden darse de alta o de baja, y comunicarse entre sí, y donde los clientes pueden migrar entre servidores. Todos los servicios que implementan ActivityPub forman el Fediverso, un conjunto de servicios orientados a redes sociales asimilables a Twitter o Facebook (Mastodon), Instagram (PixelFed) o YouTube (PeerTube). Esto supone una opción intermedia entre la arquitectura totalmente horizontal o de malla (*mesh*) de P2P y la arquitectura centralizada totalmente vertical. Esta arquitectura *federada* donde hay distintos nodos centrales, gestionados por distintos operadores, y compartiendo un protocolo común.

10: La famosa GAFAM: Google (Alphabet), Amazon, Facebook (Meta), Apple y Microsoft; por no hablar de otros lugares donde el control es posiblemente aún más centralizado, como Turquía, China, o Rusia.

Vivimos un momento interesante en el que la red se encuentra muy tensionada, cada vez más centralizada en menos manos[10], pero al mismo tiempo con estas y otras implementaciones descentralizadas por diseño. Veremos cómo persisten o evolucionan los protocolos de red en este contexto.

6.5 Recapitulando: de posibilidad tecnológica a torrente social

Napster demostró la posibilidad y popularidad de la compartición de archivos entre pares sin necesidad (casi) de servidores. No obstante, su centralización de los índices fue su perdición. Tras esta primera generación, BitTorrent ha funcionado solventemente con trackers que, aunque centralizan los índices, lo hacen de manera dinámica. La tercera generación, las versiones *trackerless* de BitTorrent con DHTs, no se utilizan masivamente todavía, pero demuestran que es posible un encaminamiento totalmente descentralizado, salvo por la fase inicial del bootstrapping.

Independientemente de las controversias con respecto a la compartición de contenidos con derechos de copia, la tecnología P2P representa un hito en los sistemas distribuidos, un aligeramiento de servidores que puede ser vital en campos donde no necesitemos 'vallar' los datos, y un modo distinto de ver la red y las comunicaciones. Napster y BitTorrent provocaron (y aún provocan) un terremoto social nada despreciable a partir de un diseño tecnológico, ya que no solo cuestiona la necesidad de estructuras verticales, sino que es capaz de reemplazarla con una alternativa horizontal viable. Este terremoto tiene sus consecuencias en persecuciones legales, cambios legislativos, modelos de negocio o fundación de partidos políticos. Spotify o Netflix no serían posibles sin la amenaza de la piratería P2P para las grandes distribuidoras como Warner o Sony. Esta amenaza les ha obligado a rebajar los precios que piden por copias originales, haciendo viable su compra a estas nuevas plataformas. Por otro lado, en Europa, el Partido Pirata irrumpió con fuerza en torno a 2005, obteniendo una representación que llegó al 7 % en Suecia o al gobierno en Islandia, donde en 2015 fue el partido más votado. En su ideario, este partido pone entre sus prioridades el acceso libre a la cultura y el dominio público, criticando la censura en internet o los derechos de copia. Alternativas como Creative Commons o la iniciativa para la ciencia abierta[11] son también descendientes de este terremoto.

11: Abanderada desde 2021 por la UNESCO.

En el fondo, se trata de una tensión entre dos maneras de concebir la tecnología (y tal vez, el mundo): la del emprendedor y la del hacker. Ambos extremos seducen a los que estamos entre medias, los ingenieros. La tensión existe desde los comienzos de la informática. En el MIT[12] en los años 70, los chavales saboteaban la taquilla del conserje para acceder al destornillador que les hacía falta, o más tarde se negarían a tener contraseñas

12: Massachussetts Institute of Technology.

en los ordenadores [24]. Allí un muchacho llamado Richard Stallman reprogramaba cada nueva versión comercial de LISP para hacerla accesible a todo el público sin pagar. LISP había nacido en el MIT de manera colaborativa y abierta entre ingenieros, y en cierto momento alguien decidió 'emprender': cerrarla y venderla. Son los cerramientos digitales, el pecado original del capitalismo tecnológico, a imagen y semejanza del tradicional. La apropiación de recursos comunes para su explotación privada ha sido el curso de acción de los manuales de O'Reilly (a partir de las páginas de manual de Linux), del Huffington Post (a partir de los blogs con los que colaboraba), y de tantos otros [7]. Sigue siéndolo a día de hoy, ahora con la irrupción de las inteligencias artificiales generales [40].

Emprendedor y hacker tienen sus razones, entre las que se debate el ingeniero. Que el trabajador debe cobrar por su trabajo es un buen argumento, pero también lo es que el acceso a la información es un derecho. Conciliar ambos puntos de vista es un reto, sobre todo en un mundo, el de los datos, donde la copia es gratis y el único valor es la generación original de conocimiento. La copia es la forma de producir cultura de la humanidad, es ubicua. Nadie crea nada a partir de cero, todos caminamos sobre los hombros de los gigantes que representan todo el conocimiento previo. Pero también necesitamos comer.

Replicación | 7

La replicación es una estrategia que tiene una doble función. Por un lado, aumenta la *disponibilidad* del recurso: no pasa nada si se cae un servidor donde se encuentra el recurso pues hay otras copias en la recámara, el recurso sigue disponible. Por ejemplo, suponiendo que los fallos por caída del servidor ocurren un 5 % del tiempo, simplemente duplicar el servidor aumenta la disponibilidad del 95 % al $1 - 0.05^2 = 99.75$ %. Por otro lado, la replicación mejora el *rendimiento*: si tenemos varias réplicas funcionales, podemos responder más rápidamente las peticiones, pues se despachan entre más servidores.

No obstante, para que la replicación tenga éxito, será necesario cumplir dos requisitos fundamentales:

▶ **Transparencia**: el resto del sistema no necesita conocer el número de réplicas que existen del recurso. Se accede a un "recurso lógico" que se sustentará en réplicas "físicas" ocultas al usuario del recurso.

▶ **Consistencia**: todas las réplicas del recurso deben ser coherentes entre sí, independientemente de los cambios que se hagan sobre ellas.

Contaremos con tres tipos de nodos en un sistema de réplicas:

▶ **Clientes**: nodos que consultan o modifican el recurso.

▶ **Gestores de réplicas**: nodos que contienen una réplica del recurso.

▶ **Frontales**: nodos intermediarios que reciben las peticiones de los clientes y las procesan hacia los gestores.

Vamos a contar con dos estrategias de replicación, una más pesimista o robusta, y otra más optimista o ágil.

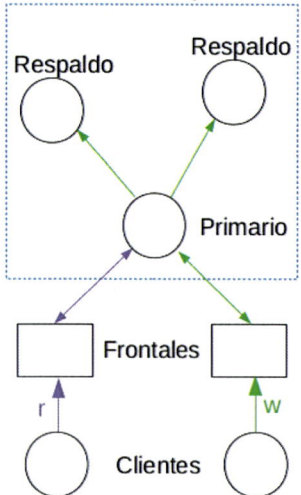

Figura 7.1: Esquema de replicación pasiva. Los frontales solo se comunican con el gestor de réplicas primario, que solo se comunica con los gestores de respaldo para indicarles modificaciones de la réplica.

1: Por ejemplo, el algoritmo del abusón (ver capítulo 4.2.1) o el algoritmo Raft (capítulo 4.4.4).

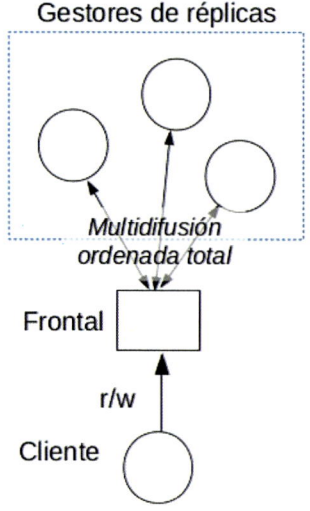

Figura 7.2: Esquema de replicación activa. El frontal se comunica con *todos* los gestores de réplicas, comunicándoles la operación del cliente mediante una multidifusión total (ver capítulo 4.3.3).

7.1 Estrategia pesimista: a prueba de fallos

Las estrategias pesimistas no dejan nada al azar ni remolonean en hacer los deberes. Se aseguran de que todas las actualizaciones se realizan en todas las réplicas antes de confirmar al cliente que su operación se ha realizado. Esta estrategia exhaustiva o pesimista es muy segura, pero también muy lenta. Veamos dos modelos de operación.

7.1.1 Replicación pasiva

En la replicación pasiva, uno de los gestores de réplicas se considera primario, y el resto secundarios. Todas las peticiones de los frontales se dirigen al gestor primario, que solo se comunica con los gestores secundarios en el caso de actualizaciones al recurso, para asegurar que todas las réplicas son consistentes. Por supuesto, si el gestor primario cae, podemos usar alguna estrategia para sustituirlo por uno de los gestores secundarios[1].

Esta estrategia requiere poca funcionalidad de los frontales o los gestores secundarios, cargando de trabajo al gestor primario, que se puede convertir en un cuello de botella. Las peticiones que llegan al gestor primario se ejecutan según un orden FIFO (First In, First Out), de manera parecida a como veíamos en el caso del acceso a secciones críticas con un servidor central (capítulo 4.1.1).

7.1.2 Replicación activa

En la replicación activa, todos los gestores de réplicas tienen las mismas responsabilidades. Los frontales se encargan de multidifundir las peticiones que reciben a todo ellos. Para garantizar que todos ejecutan las peticiones en el mismo orden, la multidifusión debe ser *ordenada total* (ver capítulo 4.3). El orden total garantiza que todos los gestores aplicarán las modificaciones sobre el recurso del mismo modo, asegurando así la consistencia entre réplicas. Como desventaja, como vimos, la multidifusión ordenada total requiere muchos mensajes de comunicación para asegurarnos la ordenación.

7.2 Estrategia optimista: forzando la máquina

La replicación a prueba de fallos es muy robusta, pero lenta. En la replicación pasiva, debemos esperar a que la actualización de una réplica haya sido efectuada en todos los gestores antes de recibir confirmación. De manera similar, debemos esperar al acuerdo total entre los gestores en la replicación activa.

Dependiendo del sistema en el que estemos trabajando, esta parsimonia puede ser excesiva, y podemos rebajar el nivel de consistencia para acelerar un poco las cosas. Esto tendrá un coste: una menor consistencia.

2: Sí, sé que es un esfuerzo grande, ¿quién encuentra hoy en día un quiosco, y más aún, quién lee un periódico?

7.2.1 Las noticias del miércoles

Imagínate que el sábado vas al quiosco a comprar el periódico[2]. Esperarías que el dependiente te vendiera el periódico de hoy, sábado. Pero el dependiente mira en su almacén, te mira, y te pregunta: "¿cómo de informado estás? ¿cuándo leíste noticias por última vez?". Sorprendido, le respondes que el martes, y él te dice satisfecho: "pues mira, no tengo periódicos de hoy, pero tengo el del miércoles, te paso uno para que vayas tirando, al fin y al cabo van a ser noticias nuevas para ti".

Simplificando, este va a ser el modo de operación de la estrategia perezosa [41]. Cada frontal mantiene un número de la última versión conocida de cada recurso, que adjunta a cada petición que haga a un gestor de réplicas. En el caso de lectura, el gestor, si tiene una versión igual o más moderna de la réplica, la retornará sin más dilación. Si no, cotilleará con los otros gestores de réplicas hasta encontrar una réplica suficientemente actualizada. Este sistema garantiza una respuesta bastante rápida sin tener que estar 'a la última', como ocurría en las estrategias pesimistas. De hecho, en el caso de escritura el sistema es aún más rápido: tan pronto como un gestor de réplicas recibe una petición de actualización de un recurso, responde afirmativamente, aunque *sin aplicar la escritura a su réplica*, lo cual se hará eventualmente cuando se cumplan los requisitos de versión.

El único momento en el que se le ven las costuras al sistema es si un frontal muy espabilado ya ha visto una versión muy reciente y pregunta a un gestor que está un poco a uvas, y tiene una versión muy antigua. Ahí, el tiempo de respuesta se

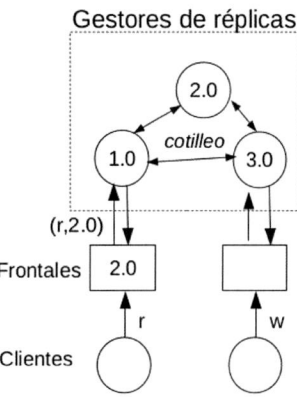

Figura 7.3: Esquema de replicación de la estrategia perezosa. Los frontales mantienen marcas del último momento o versión de la réplica a la que han accedido. Al solicitar una lectura (r), incluyen dicha marca para que el gestor les dé al menos una versión tan actualizada como la última que han visto. En este caso, el gestor está en un aprieto: conoce una versión más antigua (1.0) que la que ha visto el frontal (2.0): debe recurrir a mensajes de cotilleo para actualizarse a una versión acorde a las exigencias. La escritura (w) responde a una semántica *request*: no se espera respuesta. El frontal, eventualmente, mandará una petición de escritura a uno o más frontales. Mediante mensajes de cotilleo periódicos (u obligados por alguna petición de lectura), la actualización se irá propagando al resto de gestores.

alargará, pues el gestor deberá ponerse al día antes de dar una lectura satisfactoria.

7.2.2 Apostando a que todo irá bien

Aún podemos apurar más el asunto, en lo que conocemos como escrituras tentativas. Aquí cada gestor de réplicas realiza todas las peticiones de lectura o escritura que le piden los frontales, sin coordinar el orden en el que se realizan con el resto de gestores. El truco es que se trata de una operación *reversible* o tentativa. Eventualmente, los gestores se comunican entre sí para comparar las operaciones que han hecho, y reordenar su lista de operaciones si no es consistente con el orden del resto. Solo tras esa reordenación, las operaciones actuales se pueden *cometer* y hacer permanentes. No obstante, no todas las operaciones son reversibles o reordenables, y pueden darse casos en los que la transparencia se pierde, y ocurre un conflicto del que hay que avisar al cliente.

Estas técnicas, en su momento introducidas por la arquitectura Bayou [42, 43], han ido cambiando con el tiempo y se utilizan en sistemas como Google Docs o MediaWiki (ver capítulo 5.3). Son estrategias de control optimista de la concurrencia (OCC por sus siglas en inglés): todas las modificaciones están permitidas, y si hay un conflicto, el último usuario en escribir es el responsable de solucionarlo.

7.2.3 Edición colaborativa

MediaWiki confía en que la edición concurrente sea una situación infrecuente. Sin embargo, en el ámbito de la edición colaborativa[3] la concurrencia es una parte fundamental de la aplicación. Este tipo de uso es también común en bases de datos distribuidas, donde muchos nodos pueden modificar los mismos registros al mismo tiempo.

3: Herramientas como Google Docs o Cryptpad.

CRDTs

Los Tipos de Datos Replicados libres de Conflictos (CRDT por sus siglas en inglés) [44] son estructuras de datos que pueden replicarse en un sistema distribuido sin problemas de consistencia, al gestionar los conflictos de manera automática[4]. Dichas estructuras establecen ciertas restricciones y, sobre todo, definen métodos adecuados para la actualización de los datos.

4: Facebook, TomTom o Redis (una base de datos distribuida utilizada por Amazon, Twitter o Microsoft) utilizan CRDTs.

Existen dos tipos de CRDTs, más o menos coincidentes con las estrategias de replicación activa y pasiva que hemos visto. Los CRDTs conmutativos (CmRDTs) multidifunden[5] los cambios tan pronto como se producen, mientras que los CRDT convergentes (CvRDTs) los realizan de manera relajada, mediante alguna estrategia de cotilleo. Ambos modelos son teóricamente equivalentes, y dependen del grado de consistencia que queremos, inmediata o eventual.

5: Debe ser una multidifusión ordenada causal al menos.

Para hacernos una idea de su uso, veamos una estructura de datos muy simple en formato CRDT: el contador siempre creciente o G-counter[6]. Se trata de una estructura que mantiene un entero que se va incrementando de manera concurrente en los n procesos de un sistema distribuido. Cada proceso p mantiene la siguiente estructura:

6: Grow-only.

```
1  Gcounter(int p):
2      P=[0,0,....0], |P|=n, id=p
3  void increment():
4      P[id] := P[id] + 1
5  int value():
6      return v = ∑ᵢ P[i]
7  Gcounter merge(Q):
8      return R : R[i] = max(Q[i], P[i]) ∀ i ∃ [0, n - 1]
```

Se trata de un vector con un contador por proceso que hay en el sistema. Cualquier modificación local del contador incrementa la posición del vector correspondiente a su identificador. El resto de posiciones del vector solo se modifican mediante operaciones *merge*. En modelos CmRDT *merge* se invoca en todos los procesos cada vez que hay una modificación local. Es decir, cualquier invocación de *increment* debería llamar a *merge(P)* de los demás procesos. En los modelos CvRDT, los contadores se irán actualizando eventualmente mediante invocaciones *merge* con alguna estrategia de cotilleo o periodicidad.

Si pensamos un poco en ello, los CRDTs reutilizan ideas que ya hemos visto en otros contextos. Por ejemplo, el G-counter utiliza de manera inteligente ideas similares a los relojes vectoriales, las estrategias de cotilleo o la multidifusión ordenada para conseguir sus objetivos.

Cualquier tipo de datos se puede hacer libre de conflictos diseñando operaciones de actualización, consulta y fusión como las que hemos visto para el G-counter, aunque la complejidad aumenta con el tipo de estructura, sobre todo si se permite el borrado de elementos y/o su reinserción posterior.

Transformación Operativa

La transformación operativa [45] es una estrategia de control de concurrencia optimista utilizada en entornos de edición colaborativa.[7] Como su nombre indica, trata de transformar las operaciones concurrentes para que, al aplicarlas sobre estados intermedios posiblemente inconsistentes, se obtengan estados finales consistentes.

7: Fue adoptada en 2009 por Google Docs y Apache Wave, por ejemplo.

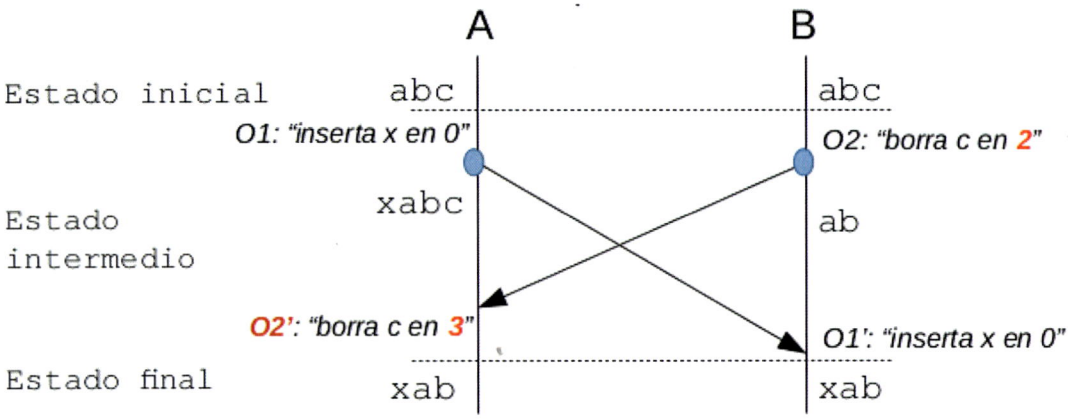

Figura 7.4: Ejemplo de transformación operativa. Sean dos procesos A y B. En el estado inicial (consistente) ambos tienen el mismo texto 'abc'. Concurrentemente, A añade una 'x' al comienzo del texto y B borra la 'c'. Esas operaciones se difunden al otro proceso. B puede aplicar sin problemas la inserción que ha hecho A, pero si A aplica el borrado de la posición dos, estaría borrando un carácter distinto a la 'c', pues en su texto la posición de 'c' ha cambiado tras la inserción de 'x'. La transformación operativa a realizar en A sería, pues, un incremento de la posición en la que B realizó la inserción.

Para que la transformación operativa pueda funcionar en un entorno concurrente, las operaciones deben ejecutarse mediante un orden causal en todos los nodos (ver capítulo 4.3). Cada transformación se define para una circunstancia de conflicto. Por ejemplo, en la figura 7.4 se ilustra la transformación en caso de un borrado tras una inserción en A. Su definición en pseudocódigo sería algo así[8]:

8: p_1 y p_2 son posiciones en el texto. n_1 y n_2 son los identificadores de los procesos. c_2 es el carácter insertado (en este caso, es irrelevante).

```
1  T(borrar(p₁,n₁),insertar(p₂,c₂,n₂)):
2      if(p₁ < p₂ or (p₁ == p₂ and n₁ < n₂)):
3          borrar(p₁,n₁)
4      else:
5          borrar(p₁ + 1,n₁)
```

Si la posición en la que se pretende borrar (p_1) es anterior a la posición en la que se ha insertado (p_2), no hay problema, la posición a borrar no se ha alterado. En caso contrario, tenemos que tener en cuenta que se ha insertado un carácter y por tanto la posición a borrar se incrementa.

Registros distribuidos | 8

Para algunas aplicaciones, necesitamos llevar las cuentas de lo que ha pasado de una manera fiable. Eso hacen los registros o libros de cuentas[1]: apuntar quién ha hecho qué con quién. El concepto se aplica a bancos (quién ha dado cuánto dinero a quién), al registro civil (quién se ha casado con quién) o de la propiedad (quién ha comprado qué a quién). Este tipo de datos, que en el mundo analógico diríamos que requieren de un notario u autoridad (p. ej. un banco central) son susceptibles de gestionarse en un sistema distribuido mediante una estructura de datos denominada *blockchain*. Por supuesto se pueden implementar también con un modelo cliente-servidor, donde el servidor tiene algún tipo de privilegio y tenemos confianza en su gestión. Blockchain, sin embargo, es una alternativa P2P para implementar registros distribuidos, sin una autoridad certificadora central[2]. Se trata, de nuevo, de una cuestión de confianza (ver capítulo 4.4.1).

1: *ledger* en inglés

2: Ya veremos que, en la práctica, y debido a distintas decisiones de diseño y soluciones para posibles ataques, los registros distribuidos no son totalmente descentralizados.

8.1 Blockchain

Blockchain es, como su nombre indica, una cadena de bloques. Se trata simplemente de una estructura de datos que va a confiar en la criptografía y el consenso entre nodos para garantizar la integridad de un registro distribuido.

8.1.1 Funciones Hash

Una función hash $H(x) = y$ asigna a un texto x una clave de longitud fija y, cumpliendo las siguientes propiedades:

▶ **Unidireccionalidad**: dado $H(x)$ es computacionalmente imposible obtener x[3].
▶ **Unicidad**: es impracticable[4] encontrar $x, y | H(x) = H(y)$. Es decir, dos textos distintos no pueden tener la misma clave.

Aunque no suele ser necesaria para la mayoría de las aplicaciones de las funciones hash, en el caso de Blockchain, y especialmente de Bitcoin, tenemos esta otra propiedad:

3: La mayoría de los sistemas de claves avanzados confían en esta propiedad para garantizar su seguridad.

4: No es imposible, pero computacionalmente tardaríamos en encontrar dos textos con claves iguales, literalmente, octillones de años [46].

▶ **Amistad con puzles**: podemos modular el tiempo que se tarda, probando al azar, en encontrar un valor k que, concatenado a uno conocido x, tenga su hash $H(k||x)$ dentro de un conjunto de valores Y. La dificultad se puede regular por el tamaño relativo de k y x, o por el tamaño de Y. Si Y contiene un solo valor, es imposible (por la propiedad de unidireccionalidad), si contiene todos los valores posibles, es trivial.

La amistad con los puzles va a ser el asunto central y el talón de Aquiles de la descentralización en Bitcoin, como veremos más adelante.

5: En el caso de árboles *binarios*, también existen árboles con un número arbitrario de nodos.

6: Por ejemplo, el hash mediante la función MD5 del texto "¿De qué color es el caballo blanco de Santiago?" (47 bytes) es D1BA14E0DBA86E08435C045D6D350E3C

8.1.2 Árboles Hash

Un **árbol** es una estructura anidada, donde hay un nodo raíz que tiene dos nodos hijo asociados[5], y estos a su vez pueden tener nuevos pares de nodos anidados. Los nodos en los extremos, que ya no tienen hijos, se llaman nodos hoja. Un árbol es una forma de organizar información de manera que se pueda establecer una jerarquía, bien por motivos semánticos o de rendimiento. En el caso de blockchain, los usaremos para detectar entradas corrompidas rápidamente.

En informática, un puntero indica dónde se encuentra cierta información dentro de la memoria de un ordenador. Un **puntero hash** contiene además el hash del contenido de dicha información. Es decir, el resultado de aplicar la función $H(i)$ al contenido de la información i.[6] De este modo, un puntero hash nos va a permitir tanto ubicar la información como determinar si su contenido ha sido alterado.

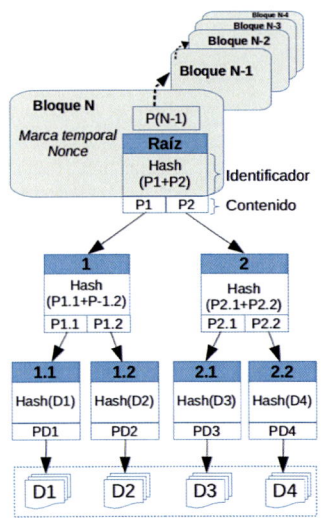

Figura 8.1: Ejemplo de un árbol hash para cuatro bloques de datos (D1-D4). Cada nodo hoja del árbol contiene un puntero hash a un bloque de datos, y como identificador usa el propio hash de dicho puntero. Los nodos internos contienen punteros a sus nodos hijos, y usan como identificador el hash de la concatenación de sus hashes. La cadena de bloques (arriba) se forma con los hash de los nodos raíz de un conjunto de transacciones, y se enlazan mediante punteros hash a los bloques anteriores. Pueden incluir otra información como marcas temporales o pruebas de autenticidad como el nonce (ver capítulo 8.2).

Un **árbol hash** es un árbol binario en el que cada nodo hoja es un puntero hash a un bloque de información, que usa a su vez como identificador del nodo. Cada nodo interno tiene dos punteros hash a sus nodos hijos, y usa el hash de la concatenación de ambos punteros como identificador (ver fig. 8.1).

Los árboles hash fueron propuestos originalmente por Ralph Merkle en 1987 [47] y, aunque puede parecer una forma rebuscada de organizar la información, es muy eficiente para localizar corrupciones en los datos. En la figura de la izquierda, si el paquete de datos D3 se corrompe, los hash de los nodos raíz, 2 y 2.1 nos alertarán, pero además esos punteros hash que no coinciden con el contenido esperado nos dan la ruta hasta el paquete de datos que se ha corrompido. En términos de complejidad, en un árbol hash de n nodos solo tenemos que consultar $log(n)$ nodos para encontrar el dato corrompido.

8.1.3 La cadena de bloques

Una blockchain es simplemente una cadena de árboles hash enlazados mediante punteros hash (ver fig. 8.1). Los datos a los que apuntan los nodos hoja serán registros o lotes de registros, típicamente transacciones económicas, pero en general cualquier tipo de acuerdo entre partes que requiera registro. Cada bloque puede contener marcas temporales o pruebas adicionales de su autenticidad, como el *nonce* en bitcoin.

8.2 Bitcoin

Bitcoin es una aplicación de blockchain para implementar un sistema de pagos descentralizado. Para realizar las transacciones en su sistema, usa su propia moneda homónima. La llamamos *criptomoneda* porque, como hemos visto, las transacciones se ubican y protegen mediante un sistema de punteros hash.

Bitcoin fue publicado en 2008, como código abierto, bajo el pseudónimo de Satoshi Nakamoto[7]. Una década más tarde contaba con entre 3 y 6 millones de usuario [48]. No es un ascenso meteórico (compárese con Napster, capítulo 1.2.1), pero ha supuesto también una revolución en la visión del mundo y su gestión, sobre todo económica. En 2024 hay en circulación 19.5 millones de bitcoins (de un techo máximo de 21 millones posibles) y un bitcoin se paga a unos 40 000 \$, aunque su valor oscila con fuerza, con variaciones de más de 10 000 \$ en menos de un año[8].

En Bitcoin, podemos distinguir tres conjuntos de procesos: nodos ligeros, nodos completos y nodos mineros[9]. Los clientes o nodos 'ligeros', almacenan solo la cadena de bloques *sin* los árboles completos de transacciones asociados (solamente su nodo raíz), y realizan transacciones en bitcoins. Estas transacciones se difunden a un subconjunto de dichos procesos que vamos a llamar validadores o *full nodes*. No se hace ningún tipo de difusión ordenada (ver capítulo 4.3.2) de las transacciones. A priori, no hay ninguna restricción de diseño para que cualquier cliente de la red de bitcoin sea validador[10], aunque en la práctica requiere de cierta capacidad de almacenamiento para guardar toda la cadena de bloques con los árboles asociados (en 2024 son unos 145G, que se pueden 'podar' a 5G), además de cierta capacidad de cómputo y ancho de banda. Un nodo ligero solo hace transacciones y se fía de la validez de los bloques, mientras que un nodo completo almacena todo

7: No está muy claro quién es o si existe. Este artículo de The Economist resume bastante bien el tema.

8: Bitcoin price in US dollars (Wikipedia)

9: En teoría, todos los nodos podrían ser iguales, pero en la práctica, en algunos casos por comodidad (nodos ligeros) y en otros por seguridad (mineros), terminamos teniendo estos tres estratos.

10: De hecho, los diseñadores de bitcoin tratan que todo cliente sea validador, con relativo éxito.

Figura 8.2: Nodos en Bitcoin. El nodo **cliente** necesita poca capacidad de disco o de cálculo, solo realiza transacciones y confía en la blockchain que emiten y validan los otros nodos.

Los nodos **validadores** además contienen todos los árboles hash y bloques de transacciones previas, pueden validar la blockchain y cualquier nueva transacción que reciban. Necesitan un poco más de capacidad computacional, sobre todo de memoria, pero es asumible para un ordenador personal.

Los nodos **mineros** necesitan gran capacidad de cálculo para resolver los puzles hash, y son los únicos que pueden proponer nuevos bloques a partir de lotes de transacciones válidas. En teoría, todos los nodos pueden tener los tres roles, pero en la práctica la dificultad de los puzles y la comodidad de no almacenar toda la blockchain estratifican el sistema.

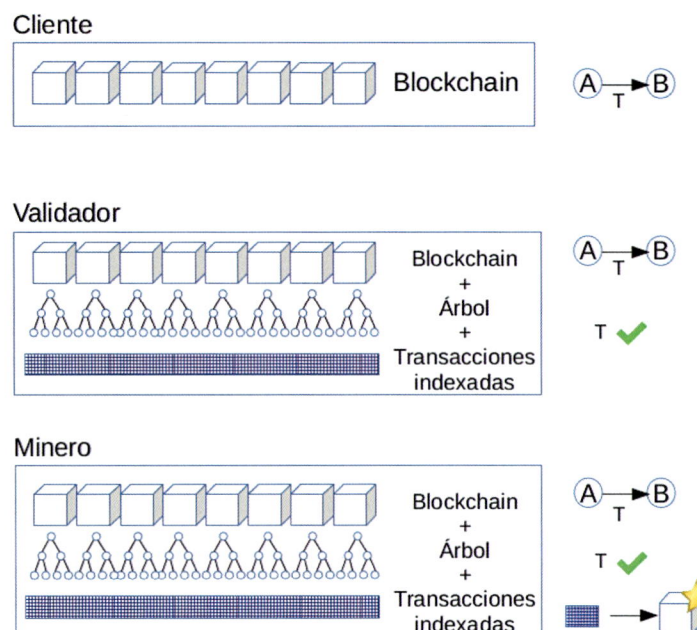

el registro de transacciones y hace algunas comprobaciones, principalmente relacionadas con la corrupción de los punteros hash y con la corrección de las transacciones.

11: Máximo de 1MB de tamaño según las especificaciones de Bitcoin.

Cuando ha recibido un número determinado de transacciones,[11] un validador podría construir el árbol hash y un nuevo bloque, para su difusión al resto de validadores. Cada validador comprobaría que contiene transacciones que ha visto y son correctas, y lo incluiría en su blockchain. Sin embargo, esta última fase va a estar sujeta a ataques que son la causa de la existencia de nodos mineros.

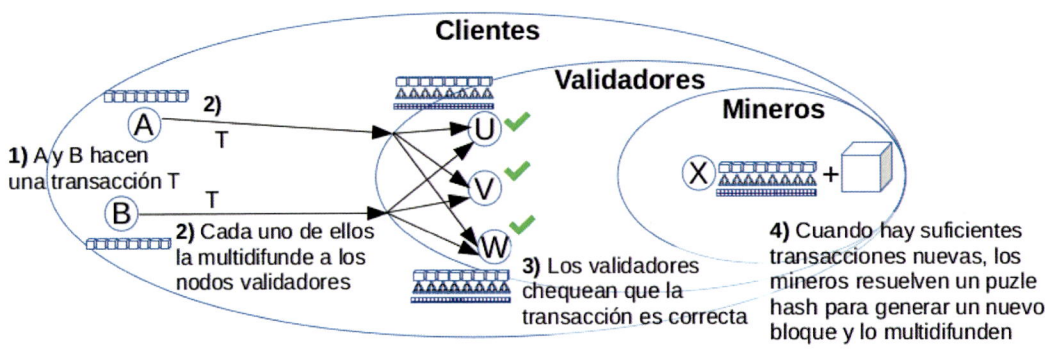

Figura 8.3: Sistema de difusión y validación de transacciones en Bitcoin.

El ataque de doble gasto

Imaginemos que A compra un producto a B y registra la transacción del dinero que le cuesta (A->B). B difunde a los validadores dicha transacción. Pero sin un sistema de validación de identidades (Bitcoin es anónimo), el artero de A puede difundir una transacción por el mismo importe a un duplicado suyo (A->A'). Ambas transacciones son perfectamente válidas en el sistema. Al faltar también un sistema de multidifusión ordenada, a algunos validadores les llegará antes A->B y a otros A->A'. Si un nodo crea un bloque con A->A' y se difunde a toda la red, hay una probabilidad de que esa transacción prevalezca en el registro, al no haber comprobación de consistencia.

El ataque Sybil

La probabilidad de que un ataque de doble gasto tenga éxito se acerca al 100 % con el ataque Sibyl[12]. En un sistema donde no hay identidades, un nodo puede multiplicarse para subvertir el consenso, creando una nueva mayoría apoyada solo por sus propias copias. Este tipo de ataques ha tenido éxito contra sistemas distribuidos descentralizados anónimos, como BitTorrent o la red Tor. En el caso de Bitcoin, un usuario que realice un ataque de doble gasto podría introducir muchos nodos para inundar el sistema con su transferencia A->A' y que prevalezca sobre la original A->B (ver figura 8.4).

12: Este tipo de ataques se llaman así por el libro *Sybil*, escrito por Flora Rheta Schreiber en 1973. El libro narra la historia real de Shirley Ardell, una mujer con trastorno múltiple de la personalidad. Abusada sexualmente por su madre, Shirley desarrolló 16 personalidades distintas.

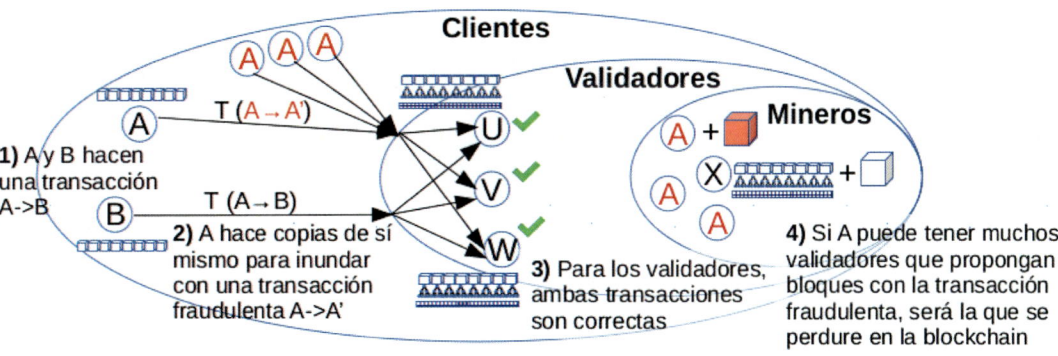

Figura 8.4: Ejemplo de ataque de doble gasto en Bitcoin, que tiene éxito gracias a la inundación de bloques de un ataque Sybil.

Simplificando mucho, hay tres soluciones posibles al ataque Sybil: identificar a los nodos, construir algún sistema de credibilidad, o hacer costoso el proceso que realiza cada identidad para proponer bloques nuevos. Esta última es la solución que implementa bitcoin mediante la prueba de trabajo.

8.2.1 Prueba de trabajo

Como vimos anteriormente (capítulo 4.4), si consideramos un modelo de fallos arbitrarios en los que los nodos pueden alterar la información (y un sistema de pagos es sin duda propenso a esto), necesitamos algún algoritmo que sea capaz de consensuar qué información es veraz. Algunos sistemas de registros distribuidos, como Hyperledger[13], usan el algoritmo PBFT que vimos en el capítulo 4.4.3.

Sin embargo, PBFT o cualquier algoritmo de consenso basado en mayorías no puede funcionar en un sistema anónimo, donde un nodo malicioso puede replicarse hasta formar una nueva mayoría. Es por ello que Bitcoin introduce un nuevo tipo de algoritmo de 'consenso', la Prueba de Trabajo (PoW o *Proof of Work*), que será la piedra angular de todo su sistema. Una prueba de trabajo es, como su nombre indica, una evidencia de que se ha trabajado en algo. El objetivo es hacer tan costosa la construcción de bloques que nadie se pueda plantear inundar con bloques fraudulentos la red mediante un ataque Sybil.

Esta prueba consiste en resolver un puzle hash (ver capítulo 8.1.1). En particular, Bitcoin obliga a cualquier nodo que quiera difundir un bloque a incluir un número N (*nonce*[14]) que, concatenado al contenido del bloque B tenga un $Hash(N||B)$ que esté dentro de un espacio de claves. Típicamente, el espacio de claves válidas se define como todas aquellas claves que comiencen por un determinado número de ceros. La amistad con puzles de las funciones hash asegura que esto solo se puede conseguir probando con distintos números al azar, calculando su hash, y viendo si cumple con la condición del espacio de claves (ver fig. 8.5). El tamaño de dicho espacio modula la dificultad del puzle: es más fácil encontrar un número cuyo hash comience por un cero que uno que comience por 20 ceros.

Minería

Calibrar la dificultad del puzle es todo un arte, pues debe ser un obstáculo para los que quieren inundar con bloques fraudulentos, pero no para los nodos que generan bloques válidos. Con el crecimiento de las capacidades computacionales de las máquinas, Bitcoin debe modificar la dificultad de su puzle cada 2016 bloques (cada 15 días aproximadamente). A fecha de febrero de 2024, es necesario tener una capacidad computacional que permita calcular 550 exahases por segundo (EH/s). Es decir, quintillones (10^{18}) de hashes por segundo[15]. Esta capacidad de cálculo permite minar un bloque[16] en unos

13: **Hyperledger** fue fundada en 2015 por la Linux Foundation, una organización si ánimo de lucro que busca promover el desarrollo de Linux y otros proyectos de código abierto.

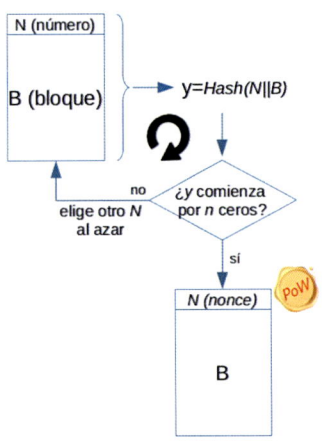

Figura 8.5: Diagrama de flujo de la prueba de trabajo.

14: *Nonce* hace referencia a un número que se utiliza una sola vez: *number used once*. Es un concepto que se utiliza bastante en criptografía o, por ejemplo, para autorizar peticiones (*access tokens*) en sistemas tipo REST (ver capítulo 2.5).

15: El hashrate actualizado puede consultarse aquí.

16: Es decir, encontrar un nonce para un bloque.

10 minutos. Si se tarda más, probablemente se elegirá el bloque de otro nodo que haya tardado menos.

Esta carrera continua de fuerza bruta entre grandes máquinas requiere de una recompensa, o si no nadie querría minar un nuevo bloque. Bitcoin mantiene un sistema que 'regala' unos 6 bitcoins al nodo que consiga minar el siguiente bloque[17]. Asumiendo 40 000 $ por bitcoin, hablamos de una recompensa de casi cuarto de millón de dólares por bloque minado, así que nos podemos hacer una idea de la inversión en máquinas y electricidad que requiere minar bloques. En la práctica, en 2024 hay cuatro grandes empresas de minado (AntPool, Foundry USA, F2Pool y ViaBTC), que copan más del 75 % del minado[18].

8.2.2 Contratos inteligentes

Las transacciones económicas no son el único tipo de operación susceptible de requerir un registro distribuido. Cualquier intercambio de bienes o servicios o cualquier otra operación que suela requerir de un notario o de una institución para atestiguarlo podría almacenarse en un registro distribuido, descentralizando así su gestión. Un *smart contract* o contrato inteligente es simplemente eso, la definición de cómo debe formalizarse una determinada operación. Por ejemplo, podría ser la definición formal de un nacimiento (fecha, lugar, progenitores) o de una boda (pareja, oficiante, testigos, fecha, lugar) o de la compraventa de un piso (comprador, vendedor, cuantía, ubicación).

Estas operaciones se irían almacenando en árboles y formando bloques de la misma manera que en el caso de bitcoin. A menudo, para los contratos inteligentes queremos mantener una identidad única, a través de un identificador emitido por una autoridad física (p. ej. un DNI) o virtual. Esto se conoce como una blockchain a la que se accede con permiso (*permissioned blockchain*): la entrada en el sistema es validada por un nodo central, aunque luego el resto de la gestión de la cadena de bloques sea repartida entre todos los nodos. La parte buena es que así no es tan fácil un ataque Sybil y podemos confiar en un algoritmo tipo PBFT, o bien utilizar un sistema de Prueba de Autoridad (*Proof of Authority*, PoA), donde los nodos se ganan su derecho a emitir bloques en base a su *reputación* previa o a algún otro tipo de sistema de garantías. Hyperledger es uno de estos sistemas de blockchain con permisos, consensuado mediante PBFT[19].

17: El sistema de recompensas va decreciendo, pues para estos regalos el sistema tiene que generar nueva moneda, y el máximo número de bitcoins en circulación fijado por su definición es de 21 millones. Actualmente hay 19.5 millones en circulación.

18: Fuente: BTC. En 2022 las cinco mayores empresas apenas acaparaban el 60 % del minado. Eran todas chinas. La prohibición de realizar transacciones con criptomonedas en China ha reestructurado el paisaje, apareciendo Foundry USA, una empresa estadounidense que, junto con AntPool, acaparan el 55 % del minado en 2024.

19: En su versión *Hyperledger Fabric*, otras versiones pueden tener distintas formas de consenso.

Otra criptomoneda muy extendida (la segunda en volumen), es Ethereum, que también permite contratos inteligentes. Aunque originalmente alcanzaba el consenso mediante PoW, en 2022 cambió a la Prueba de Inversión (*Proof of Stake*, PoS). En PoS, como en PoA, el minado desaparece[20], pero en este caso cada nodo interesado en validar el siguiente bloque tiene algo que perder (su 'inversión') si actúa fraudulentamente. Dicha 'inversión' puede ser la cantidad de criptomoneda que tiene, o algún tipo de sistema interno de recompensas o ítems. El sistema elige al nodo validador del próximo bloque por un sistema de probabilidades, donde los que más tienen invertido son elegidos con mayor frecuencia, porque se considera que tienen menos motivos para sabotear un sistema en el que están muy involucrados.

20: Se estima que Ethereum redujo en un 99 % su consumo eléctrico al abandonar PoW [49].

NFTs

Un Non-Fungible Token (NFT) es un identificador digital único, que se registra en una blockchain y se usa para certificar su autenticidad y quién es su propietario. Se generan como cualquier otro contrato digital, y su nombre indica que, al contrario que una moneda digital en la que todas las unidades de la moneda son intercambiables (es fungible), el NFT es único. Aunque tuvieron su momento de fama en 2021, su falta de validez legal en el mundo analógico hace que a día de hoy, más del 95 % de los NFTs no tengan valor monetario alguno.

8.2.3 Un terremoto económico y un sumidero energético

Como ocurrió con los sistemas P2P y la compartición de archivos en el ámbito audiovisual, Blockchain ha supuesto un pequeño terremoto en el ámbito económico. En el verano de 2015, Grecia se enfrentaba a los coletazos de la crisis global de 2008 que dejó al país al borde de la quiebra. La política del Banco Central Europeo y de Alemania, especialmente dura con el país, llevó a Yanis Varoufakis, ministro de economía griego, a proponer un plan alternativo al draconiano plan pensado para Grecia. Dicho plan B incluía desvincularse del Banco Central, y recurrir a un sistema de pagos P2P basado en blockchain[21].

21: A finales de ese verano, Grecia convocó un referendo para determinar si los griegos querían someterse al plan europeo. Ganó mayoritariamente el 'no', pero en vez de recurrir al plan B, el primer ministro se saltó la decisión popular y se sometió igualmente. Varoufakis dimitió ese mismo día. Más información en esta entrevista en Wired y en el libro *Adults in the Room* [50].

Tal vez en las antípodas ideológicas de Varoufakis, en septiembre de 2021, Nayib Bukele, presidente de El Salvador, adoptó bitcoin como moneda de curso legal en el país, junto al dólar americano. Más allá del empuje mediático que supuso para el país y su presidente esta medida, sus consecuencias están por ver, aunque parece que de momento no es muy relevante. Tanto bitcoin como NFT han recibido muchas críticas por su uso especulador con propensión a las burbujas económicas.

Tal vez las consecuencias más importantes de blockchain no sean económicas, sino energéticas y/o ecológicas. La prueba de trabajo de bitcoin es una solución que obliga a miles de máquinas a estar trabajando incansablemente en algoritmos de fuerza bruta con el único objeto de validar bloques. Aunque es difícil de cuantificar, en 2022 se estimaba que el consumo eléctrico de las operaciones de minado de bitcoin podía rondar los 10 TWh, un consumo similar al de Holanda [51][22]. La prueba de trabajo es posiblemente el apaño ingenieril más costoso de la historia.

22: Que no es poco, Holanda ese año era el 32.º país que más electricidad consumía, en una lista de más de 200.

GOOGLE COMO CASO DE ESTUDIO

Google | 9

Con sus luces y sombras, Google es el paradigma de implementación exitosa a gran escala de un sistema distribuido. Su evolución y la de la red actual están íntimamente ligadas. Vamos a ver cómo adapta los conceptos distribuidos en su arquitectura interna.

9.1 Motor de búsqueda: descargando Internet

El objetivo inicial de Google es ambicioso: *organizar la información mundial y hacerla universalmente accesible y útil*. Nacido como un proyecto de investigación en la Universidad de Stanford, Google se convierte en compañía en 1998, con un modelo de negocio basado en un buscador, en aquel momento algo novedoso. Gran parte del éxito del buscador radica en su motor de búsqueda: por un lado por la búsqueda en sí y por otro por la solidez de la infraestructura que le da soporte.

El motor de búsqueda de Google (y de cualquier otro) debe contar con tres fases:

▶ *Crawling*: recogida de información a escala global.
▶ *Indexing*: categorización de la información según su contenido.
▶ *Ranking*: priorización de entradas según la búsqueda realizada.

Los dos primeros procesos son previos a la búsqueda, y por tanto suelen hacerse en segundo plano, pues son también los más intensivos en cálculo y almacenamiento.

9.1.1 Crawling

El proceso de *crawling*[1] busca localizar y recuperar todos los contenidos de la web que se encuentren indexados. Para ello, originalmente, un programa llamado *Googlebot* ejecutaba los siguientes pasos, de manera recursiva:

1. Leer una página web.
2. Recolectar todos sus enlaces.
3. Planificar posteriores lecturas sobre esos enlaces.

1: Traducible como *arrastre*.

La ejecución recursiva quiere decir que, para cada nuevo enlace recolectado, se vuelve a repetir el proceso. Ejecutado sobre toda dirección IP que responda al protocolo HTTP, el proceso de *crawling* garantiza la lectura de todo el Internet indizado[2].

La ejecución de *Googlebot* es muy costosa, así que se ejecuta en batería (*batch*). Es decir, inicialmente se ejecutaba una vez cada varias semanas. Así, la 'foto' de Internet podía estar ligeramente desactualizada. Esto no era un problema para las velocidades de publicación del siglo XX, pero lo será pronto: redes sociales, noticias de última hora, etc. requieren un proceso de *crawling* casi continuo. Así, en 2010 Google introduce *Caffeine*, que realizará el *crawling* y el indizado posterior de manera conjunta para cada web, y cuya ejecución es continua, no en batería. Tan pronto como termina de leer toda la red, vuelve a comenzar. Esto reducirá considerablemente la antigüedad de los índices. Un proceso tan lento como descargarse Internet no puede hacerse continuamente de manera eficiente, así que *Caffeine* sigue una estrategia *incremental*. No descarga de cero toda la web, sino solo aquello que ha cambiado desde la descarga anterior. Es una estrategia muy utilizada en sistemas de copias de seguridad (como *rsync* en Linux o *Time machine* en MacOS), o en campos como el del almacenamiento de audio o video.

9.1.2 Indexing

En una biblioteca, a cada libro se le etiqueta por su autor y título. En la red, cada documento no tiene etiquetas, así que un buscador tiene que hacer un etiquetado o indizado *inverso*: dado un texto, se analiza para buscar cuál es su título, autor o tema, entre otros. Para ello se usan características textuales: posición, tamaño de letra, capitalización, número de ocurrencias, etc.

Así, a cada documento descargado se le asocian una serie de metadatos que lo caracterizan, preparándolo para la búsqueda.

9.1.3 Ranking

El algoritmo de clasificación de Google es la joya de la corona (o tal vez, el anillo único). Recibe su nombre de Larry Page, cofundador de Google junto a Sergei Brin. Page, durante sus estudios de doctorado, había desarrollado una técnica de clasificación basada en el sistema de publicación científica, donde la relevancia de un artículo la determina el número de otros artículos que lo citan. PageRank imita este modelo, que va a

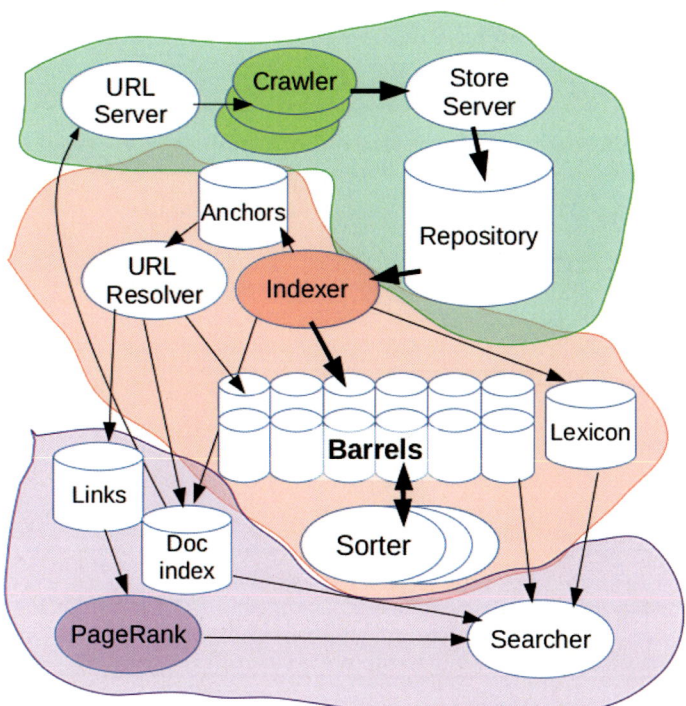

Figura 9.1: Arquitectura a alto nivel del motor original de búsqueda de Google. Figura adaptada a partir de la Fig. 1 del artículo de Brin y Page [52]. Se han sombreado las áreas relacionadas con cada uno de los tres procesos principales.

suponer una mejora importante respecto a los buscadores existentes a finales de los 90, ya que entiende los documentos como un gran grafo interrelacionado, donde las páginas web más relevantes están enlazadas por muchas otras páginas web.

9.1.4 Juntando todas las piezas

Una búsqueda en Google, por tanto, utilizará las palabras clave de la petición para determinar qué páginas tienen índices que coinciden con la búsqueda. A continuación, las mostrará en una lista priorizada en función de, principalmente, el número de páginas que las enlazan. Este proceso tiene que ocurrir en décimas de segundo, para que la experiencia de usuario no se vea resentida.

La infraestructura necesaria para esto no es trivial. Requiere de distintos servicios y almacenes de datos intermedios, que Brin y Page diseccionaron en 1998 [52] (ver fig. 9.1). Este sería el primer y último artículo publicado sobre Google por sus fundadores. Luego vendrían informes técnicos y sobre todo patentes.

Como se puede apreciar, la arquitectura de Google cuenta con grandes repositorios de datos, principalmente el repositorio donde se almacenan todas las páginas descargadas (*Repository*) y los 'barriles' en los que se almacena la información indizada (*Barrels*). El repositorio guarda las páginas concatenadas y comprimidas, ocupando aproximadamente la mitad de toda la memoria requerida por el sistema. Los barriles (originalmente, 64) contienen, para cada palabra que aparece en cada página, distintos datos: un identificador (*wordID*), número de ocurrencias, capitalización, posición en el texto y tamaño de fuente. Hay también una serie de estructuras de datos secundarias, en su mayoría relacionadas con los enlaces y con el indizado inverso, que asocia un identificador de documento (*docID*) a cada página web, y lo enlaza con cada *wordID* a través del *Sorter*.

El proceso de 'indizado inverso' del *Sorter* es, junto al *Crawler*, de los más intensivos en cálculo, y se ejecutan en paralelo con múltiples procesos, y originalmente en batch.

Esta arquitectura seguramente habrá variado mucho, aunque solo tenemos información indirecta de la empresa. En cualquier caso, la filosofía en tres partes para la búsqueda en Internet sigue vigente, y la arquitectura primigenia de Google, tan exitosa, va a suponer el pilar sobre el que construirá el resto de su modelo de negocio.

9.1.5 ¿Lo más famoso es lo mejor?

Google no lo inventó, pero sin duda ha potenciado el modelo de famoso = bueno: el algoritmo PageRank prioriza las páginas más enlazadas. Esto ha generado todo un campo, el SEO (Search Engine Optimization) por el que las webs tratan de desentrañar los criterios de Google para hacerse 'famosas' al priorizarse en sus búsquedas. En cierta medida, la red ha pasado de la creación de contenidos de calidad a la creación de contenidos que satisfagan al algoritmo [53]. Esto también se ha utilizado para 'piratear' de otras maneras el servicio de búsqueda. Brin y Page criticaban en su artículo de 1998 que una búsqueda por 'Bill Clinton'[3] en un buscador popular de la época retornaba como respuesta 'Bill Clinton Sucks' (Bill Clinton apesta). Sin embargo, años más tarde la estrategia conocida como *Google bombing* hacía lo mismo con su servicio: una búsqueda por 'miserable failure' (fallo miserable) retornaba como respuesta 'George Bush'[4].

La neutralidad del buscador también puede estar comprometida, en el caso de que su propietario decida priorizar de manera individual unos u otros contenidos o características [54]. Además, la dificultad técnica de construir un buscador hace

3: Presidente de los EE. UU. en los años 90.

4: Presidente de los EE. UU. después de Clinton.

que las opciones se reduzcan básicamente a Google (en torno al 90 % del mercado) o Microsoft (Bing). Existen otros buscadores, pero generalmente su motor de búsqueda descansa sobre alguno de ellos[5], sin construir índices completos de la red por sí mismos.

Por último, está el peligro de la autocomplacencia: consumir de manera acrítica lo que un buscador nos dice que es relevante. No obstante, la degradación de los servicios en red, un proceso que Cory Doctorow describe como *enshittification* (mierdificación) [55], es cada vez más evidente, complicando la tarea de encontrar algo relevante con un buscador[6].

9.2 Infraestructura: construyendo la nube

Un efecto secundario del diseño del motor de búsqueda de Google es la construcción de un modelo arquitectónico muy complejo y exitoso. Google necesitará para este motor arquitectónico muchas de las soluciones distribuidas que hemos visto en anteriores capítulos, modificadas y optimizadas para sus necesidades, donde el rendimiento y la escalabilidad son claves. Así, Google va a ser pionero en la construcción de 'la nube': ese ente aparentemente vaporoso pero muy físico y costoso (económica, energética y ecológicamente hablando). Primero va a ofrecer su software como servicio a través de Google Apps y toda su panoplia de productos[7], y más tarde ofrecerá su propia arquitectura como servicio[8].

Vamos a acercarnos en este capítulo a cómo afronta Google los distintos retos de su sistema distribuido, desde su modelo físico de computadores hasta su forma de tratar con la replicación o el consenso.

9.2.1 Plataforma

Google necesita una ingente capacidad de cálculo y almacenamiento simplemente para su motor de búsqueda. Una estimación de ejemplo que hace Dean en 2006 [56] es la siguiente: si suponemos una red formada por 20 000 millones de páginas, cada una con 20KB de texto, tendríamos 400TB de información *cruda* a almacenar[9]. Para conseguirlo, no usa supercomputadores, ni paga licencias de Windows. Utiliza un gran número de ordenadores personales en paralelo, equipados con una versión minimalista del kernel de Linux[10]. Estos equipos tienen unas características similares a las que podemos tener

5: Este es, por ejemplo, el caso de Yahoo! que se apoya en el crawler de Bing. DuckDuckGo usa, además de Bing, otras fuentes, incluido su propio crawler.

6: Os pongo un ejemplo que conozco de primera mano: un colega que tiene un despacho de psicología indicaba en su web que era experto en tratamiento de adicciones al alcohol y al juego. Se publicitaba por Internet a través de Google Ads. Un día me comentó que no sabía qué pasaba: Google ahora le pedía eliminar la información sobre adicciones de su web, o no la publicitaría. Pensábamos que, por error, habían interpretado que la página fomentaba las adicciones. Pero era al contrario, tuvimos que eliminar toda referencia al *tratamiento* de adicciones en el código fuente de la página, antes de que Google volviera a permitirle publicitarse. Sospecho que casas de apuestas y distribuidoras de bebidas se gastan más en publicidad que mi amigo.

7: La lista exhaustiva es enorme.

8: Más sobre el modelo *X as a service* en el capítulo 1.2.2.

9: El tamaño de la web indexada, como mucho, ha duplicado su tamaño respecto a esta estimación en la última década, como se puede ver aquí.

10: El kernel de un sistema operativo es el programa central que interactúa directamente con los recursos hardware (memoria, procesador, periféricos) a través de sus distintos controladores.

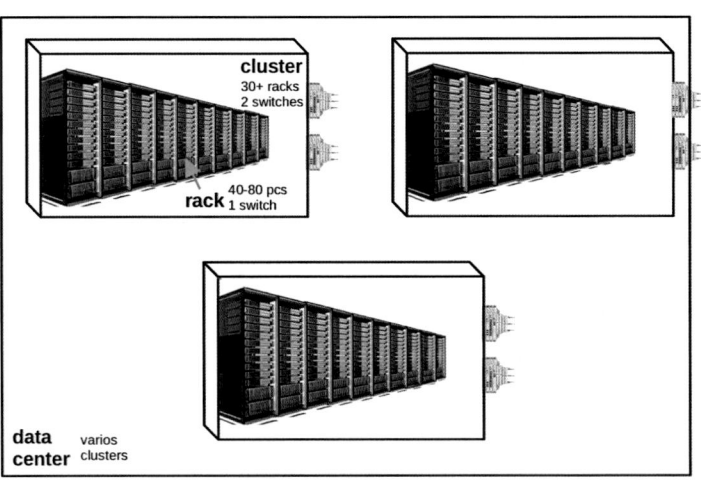

Figura 9.2: Arquitectura general de un centro de datos. Los servidores son computadores de propósito general que se almacenan en armarios (*racks*) con un switch para conectarse entre ellos y con otros racks. Los racks se almacenan en habitaciones o *clusters* que alojan decenas de racks, y tienen conectividad entre ellos y hacia afuera. Un centro de datos aloja varios clusters.

en casa: cada uno cuesta en torno a 1 000 $, tiene un disco duro de 2 TB y 16 GB de RAM, y son la alternativa práctica a los supercomputadores. Es un modelo que se conoce como WSC (Warehouse-Scale Computer) [57] y que, como su nombre indica, trata de coordinar muchas máquinas para funcionar como una sola computadora que ocupa todo un almacén. Aunque un WSC es un centro de datos, se diferencia de los centros de datos tradicionales en que suele estar operado por una sola compañía, tiene un grado más estrecho de sincronización y coordinación, y se encuentra optimizado con soluciones *ad hoc* específicas para sus necesidades, con el objetivo de maximizar el rendimiento. Solo hablamos de WSC, por tanto, en compañías como Google, Microsoft o Amazon.

Estos computadores 'de saldo' se organizan en armarios o *racks* que contienen entre 40 y 80 equipos y se encuentran interconectados a través de un switch Ethernet. Un *cluster* contiene al menos 30 de estos armarios, que cuentan con dos switches para conectarse entre ellos (dos para evitar problemas si falla uno). El cluster será la unidad básica de gestión. Típicamente, un cluster ocupa una habitación entera de un centro de datos[11], que puede hospedar varios de estos clusters. Pensando en términos de almacenamiento, cada armario de 80 PCs tendrá $80 \times 2 = 160$TB de información [2]. Cuatro de estos armarios podrían contener la web en crudo, mientras que un cluster con 30 armarios (~ 5 petabytes) podría dar cabida a las necesidades adicionales de replicación e indizado, entre otras.

11: Durante un tiempo, en torno a 2005, estuvo de moda alojar los racks en contenedores marítimos, pues eran relativamente baratos y supuestamente ayudaban a disipar el calor.

Con este modelo físico, se deben asumir fallos locales frecuentes. Según Hennessy y Patterson [58], un cluster de Google tiene unos 14 fallos al día (hardware o software) que requieren reiniciar las máquina afectadas. Algunas de ellas fallan con frecuencia, o van sensiblemente más lentas, o tienen tasas más altas de corrupción de memoria. Además, hay entre un 2 % y un 10 % anual de discos duros que hay que reemplazar; y una o dos caídas de corriente al año, aunque en el 99 % de los casos no hacen que se caiga todo el WSC, gracias a los sistemas de respaldo.

Google cuenta con 15 ubicaciones de WSC, mayoritariamente en Norteamérica y Europa, de manera similar a Microsoft (34 centros) o Amazon (16). Cada una de estas ubicaciones tiene al menos tres WSC, en localizaciones dispersas por la zona para evitar que un desastre natural las afecte a todas. Se suelen tener por triplicado para que, si uno falla, no haya que cargar al doble de capacidad al que quede activo. Así, la capacidad de carga 'extra' que hay que dimensionar en cada WSC para prevenir problemas se reduce.

La plataforma de Google es probablemente la clave de su éxito. Lo es, desde luego, en Amazon. Su plataforma Amazon Web Services (AWS) tiene un margen de beneficio del 25 %, mucho mayor que el de su almacén online (3 %), y es la responsable del 75 % de los beneficios de la compañía [59].

Por último, cabe resaltar que el aprendizaje automático y las nuevas inteligencias artificiales pueden estar cambiando este paradigma, y ahora Google sí se plantea crear sus propios chips para estos nuevos requisitos, abandonando al menos parcialmente este modelo de ordenadores de propósito general [60].

9.2.2 Middleware

Toda esta infraestructura requiere de una coordinación muy depurada. Para ello, Google utilizará soluciones parecidas a las que hemos visto, pero adaptadas para poder optimizar al máximo el rendimiento de sus aplicaciones. Veremos en esta sección cómo soluciona los problemas de comunicación, coordinación, almacenamiento y computación.

9.2.3 Comunicación

12: ver capítulo 2.

Siguiendo el principio de simplicidad, Google adopta un servicio de comunicación[12] minimalista basado en *búferes de protocolo*, un formato de datos que estructura la información como 'mensajes' cuyos atributos se encuentran numerados secuencialmente. La numeración es lo único que se almacena, con lo cual hay un ahorro considerable de memoria/ancho de banda al no incluir los nombres de los campos:

```
message Persona{
    required string nombre = 1;
    required int32 nacimiento = 2;
    optional string ciudad = 3;
}
```

Este modo de serialización servirá también como lenguaje de definición de interfaces para gRPC, un protocolo de petición-respuesta que implementa algunas características necesarias para Google a bajo nivel, tales como la autenticación, la cancelación de peticiones o la espera (timeout) por las respuestas. Los servicios definidos mediante búferes de protocolo tienen una sintaxis simple, que solo acepta un parámetro de entrada y otro de salida:

```
service ServicioDeBusqueda{
    rpc Buscar(TipoPeticion) returns(TipoRespuesta);;
}
```

A partir de estas definiciones, Google mantiene intérpretes que traducen los búferes de protocolo a las estructuras de datos particulares de cada lenguaje de programación, y genera los módulos de comunicación necesarios. Como hemos visto (capítulo 4.3.1), la multidifusión de mensajes de manera fiable requiere de muchos mensajes o de confiar en IP, así que Google establece su propio servicio de difusión basado en un modelo *publish-suscribe*, por el que cada servicio publica los eventos que genera, y los procesos que lo requieran se suscriben a los mismos. Así podemos acotar la difusión a los procesos interesados.

9.2.4 Almacenamiento y coordinación

Como vimos con la arquitectura general de su motor de búsqueda (fig. 9.1), el almacenamiento es un problema peliagudo para Google. Esto lo va a abordar de tres maneras diferentes:

- ► Para almacenar archivos grandes, como los obtenidos por el crawler, definirá el sistema de archivos GFS (más tarde Colossus).
- ► Para la coordinación entre réplicas y el almacenamiento de pequeños volúmenes de información usará una versión adaptada de Paxos: Chubby.
- ► Por último, como base de datos distribuida, utiliza Bigtable.

GFS y Colossus

Diseñado en 2001, inicialmente para el almacenamiento y acceso de los grandes volúmenes de información recopilados por el motor de búsqueda, GFS es un sistema de archivos que opera a nivel de cluster (ver capítulo 9.2.1). Los archivos se dividen en trozos de tamaño fijo o *chunks*[13]. GSF define un nodo maestro diferente del resto de nodos, que almacenarán los trozos de los archivos (*chunkservers*). Cada trozo se encuentra típicamente replicado en tres chunkservers, aunque puede modificarse por cuestiones de rendimiento: si un trozo es muy accedido, se hacen más réplicas. El nodo maestro no almacena trozos, sino metadatos de los archivos completos, fundamentalmente las tablas que relacionan cada archivo con sus trozos y los nodos en los que se encuentran[14]. Los chunkservers avisan periódicamente al maestro de su estado con mensajes de 'latido' en los que le indican si siguen operativos, si han perdido algún chunk, o sus tasas de acceso, entre otros. El maestro gestiona las modificaciones concurrentes con secciones críticas, con un tiempo máximo de 'préstamo' de 60 segundos que puede prorrogarse [61]. Este préstamo se asocia a uno de los chunkservers, para aliviar al maestro de la coordinación de las modificaciones concurrentes. El chunkserver que recibe el préstamo actuará como réplica primaria. Cuando hay una modificación del trozo, el propio cliente la propaga a todos los chunkservers, y el chunkserver primario se encargará de coordinarlas en caso de accesos concurrentes[15].

En 2010, tras la adopción de Caffeine para enfrentarse a una red más dinámica, GFS también se quedó pequeño. Por un lado, Caffeine define un proceso continuo de recolección y escritura de archivos, aunque de manera incremental. Por otro lado, las aplicaciones de escritorio de Google (e. g. Gmail, Google Docs) requieren interacción continua con el cliente. GFS optimizaba los tiempos de procesamiento en lotes de una manera fiable y tolerante a fallos. Pero como NFS, es lento de cara al usuario: a pesar de las estrategias para descargarlo de trabajo, solo hay un nodo maestro que atiende las peticiones. Además, el acceso a las estructuras de disco es lento para las escrituras continuas de Caffeine.

Colossus, la 'versión 2.0' de GFS, va a permitir la replicación de nodos maestros (*curadores*) y el almacenamiento de los metadatos en estructuras más pequeñas (Bigtable, ver abajo). Los chunkservers (que ahora se llaman servidores de datos o *D servers*) se seguirán ocupando del almacenamiento físico. Los trozos se hacen más pequeños (1MB en vez de 64MB) [62],

13: El tamaño del chunk es de 64MB.

14: Esto también nos puede recordar un poco a los servidores de índices en P2P, liberados de la carga del almacenamiento de los archivos, y responsables solo de su ubicación.

15: Podemos intuir en este modo de funcionamiento estrategias similares a las de la replicación pasiva (ver capítulo 7.1.1), los timeouts de NFS (capítulo 5.1), los latidos del algoritmo Raft (capítulo 4.4.4), o los chunks de BitTorrent (capítulo 6.2).

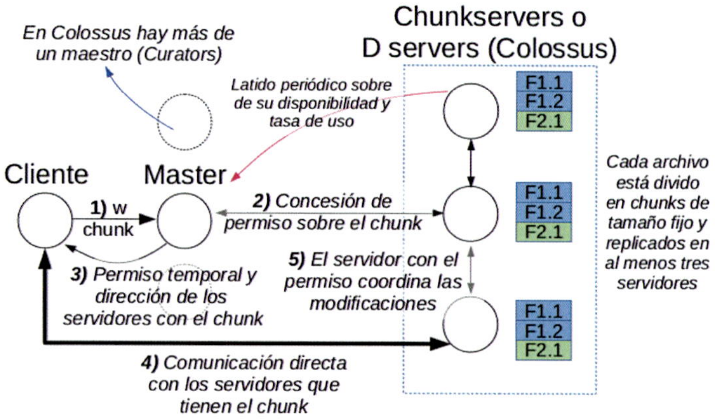

Figura 9.3: Esquema simplificado de GFS, con las modificaciones más importantes de Colossus. Se muestran los pasos (1-5) de una escritura (modificación o adición de contenido) de un chunk.

con lo que su bloqueo en secciones críticas tendrá menor impacto. Como pasaba en GFS con el nodo maestro, los clientes se comunican con los curadores para saber dónde están los archivos, y para obtener permisos (*leases*) para operar sobre los archivos como si fueran secciones críticas. Se definen además otros nodos *curadores* que se encargan de tareas secundarias como el balanceo de carga, la recuperación de caídas, etc. Estas son las tareas que en GFS decidía el maestro a partir de los latidos de los chunkservers. La disponibilidad de más nodos para las peticiones de los clientes, la reducción del tamaño de los chunks, y el almacenamiento estructurado de metadatos en Bigtable, van a permitir reducir los tiempos de espera de cada petición considerablemente [63].

Bigtable

GFS es un sistema de almacenamiento pensado para archivos grandes, pero no indexados. Mientras los datos crudos del crawling se almacenan con GFS en archivos grandes, mediante Bigtable se almacenan los datos del indizado, así como los de muchas aplicaciones, por ejemplo Gmail o Google Maps.

Bigtable permite un acceso estructurado a los datos, se puede ver como una base de datos distribuida, de nuevo optimizada para las necesidades de escala y rendimiento de Google [64]. Como su nombre indica, se trata de tablas de gran tamaño donde tenemos entradas (filas) y atributos (columnas), pero el número de atributos, y lo que significan para cada entrada *puede variar* dentro de la misma tabla. A estos modelos no relacionales se les conoce como almacenes de registros extensibles o almacenes de columna ancha. Además, cada entrada de la tabla tiene una tercera dimensión con las distintas versiones del valor a lo largo del tiempo (*timestamp*). En la fig. 9.4 podemos ver un ejemplo simplificado de entradas para el contenido de un par de webs indexadas por el motor de búsqueda. Los *anchors* o enlaces que referencian a cada web son uno de los casos en los que las columnas varían de una entrada a otra.

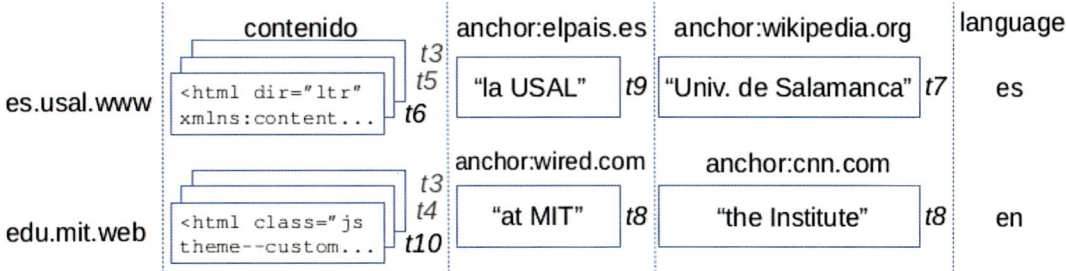

Figura 9.4: Ejemplo simplificado de entradas del indizado inverso en Bigtable. El nombre de la entrada es la URL de la página, invertida para optimizar las búsquedas. Hay columnas que contendrán todas las entradas, como *content* o *language*, mientras que otras, como las de la familia *anchor* serán distintas dependiendo de qué páginas enlacen a la entrada. Cada valor en la tabla tiene asociada una marca temporal (t_i) indicando el momento en que el crawler recopiló la información, ordenada de la más reciente a la más antigua. Normalmente solo se guardan las tres últimas versiones para liberar espacio.

Chubby

Google define Chubby como un servicio de acceso a secciones críticas o servicio de bloqueo [65], que usan como sistema de archivos para datos que requieren un grado de sincronización muy alto. Se podría asimilar al gestor de bloqueo de archivos de NFS (ver capítulo 5.1), pero contemplando fallos de comunicación o paradas de procesos. Para ello Chubby usa una versión de Paxos (capítulo 4.4.2). Como en otras cuestiones relacionadas con Google, Chubby no supone ningún descubrimiento importante, pero sí una adaptación ingenieril brillante a problemas de gran escala.

9.2.5 Computación

MapReduce

La infraestructura de almacenamiento y comunicación de Google maneja grandes conjuntos de datos distribuidos. Va a ser necesario un modelo de programación que sea capaz de lidiar con datos ubicados en distintas localizaciones y operados mediante un conjunto de procesadores también distribuidos. Dicho modelo es MapReduce, que permitirá al programador abstraerse de los aspectos de bajo nivel y la programación en paralelo. De hecho, MapReduce sigue el modelo clásico de

programación en paralelo: dividir la tarea en subtareas (*map*)
y luego unir los resultados parciales (*reduce*). Para que este
modelo pueda operar dentro de la plataforma de Google, debe
asignar nodos para las distintas operaciones, compartiendo y
dividiendo los datos en distintos archivos (ver fig. 9.5).

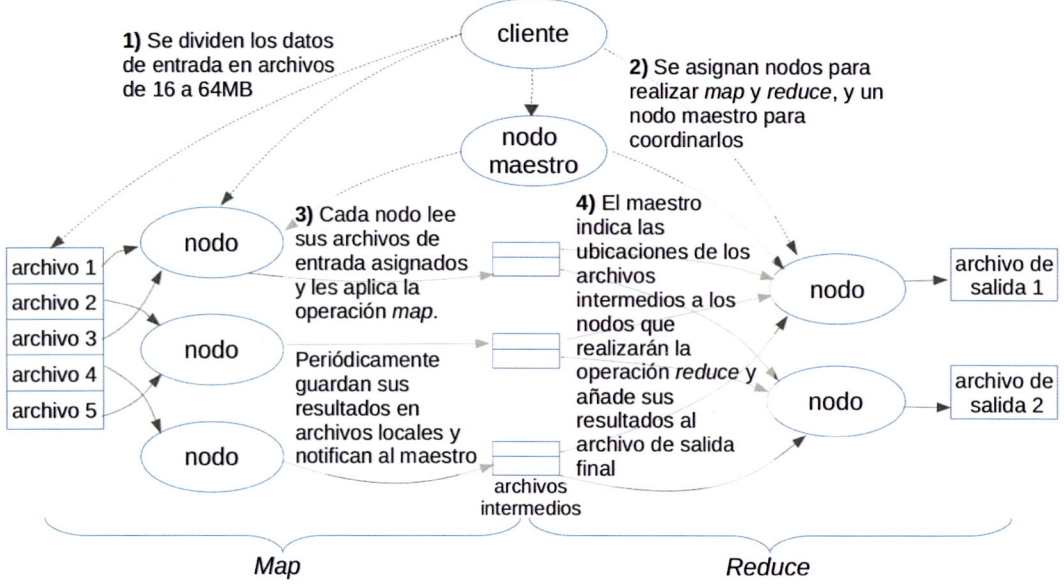

Figura 9.5: Esquema de operación de MapReduce, adaptado a partir de Dean y Ghemawat, 2004 (fig. 1) [66].

Hay muchas tareas en Google que utilizan MapReduce. Una
de ellas es el indizado inverso:

1. Se divide todo el conjunto de páginas webs en archivos
   de tamaño fijo.
2. Estos archivos se asignan a nodos que aplican la operación *map* a las webs que contengan.
3. Los nodos mapeadores emiten un par enlace-fuente para
   cada enlace encontrado en el texto.
4. Los nodos reductores compilan todos los pares del mismo
   enlace, emitiendo una lista de todas las fuentes que
   enlazan a cada página web.

A continuación se muestra un posible pseudocódigo para las
operaciones map-reduce del indizado inverso:

```
map(String source, String value):
// source: document name
// value: document contents
for each url in value:
  EmitIntermediate(url, source);

reduce(String key, Iterator sources):
// key: an url
```

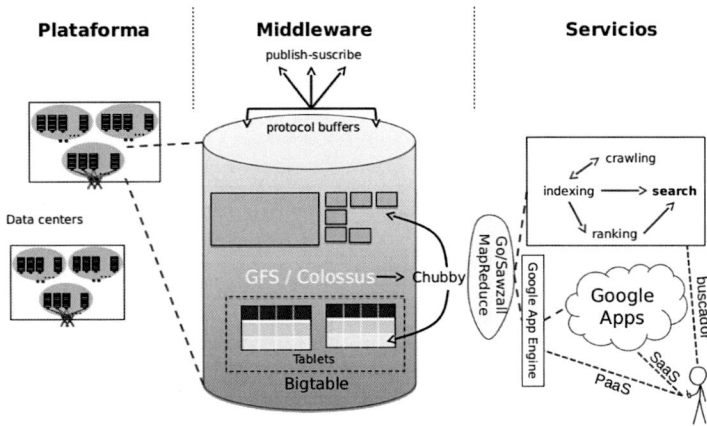

Figura 9.6: Esquema simplificado de la infraestructura de Google. Una plataforma de múltiples ordenadores de propósito general coordinados por un middleware *ad hoc* que maximiza el rendimiento, para dar soporte a distintas aplicaciones o servicios.

```
// sources: a list of document names
int result = list();
for each v in sources:
 result.add(ParseURL(v));
Emit(AsList(result));
```

El mapeo en el pseudocódigo anterior simplemente emite una salida por cada url encontrada en un documento. La reducción compila todas las urls iguales encontradas en distintas fuentes en una única lista. No es física cuántica, es un código sencillo pero efectivo.

De hecho, MapReduce funcionaba tan bien en Google que terminó 'muriendo' de éxito. Primero, se amplió, diseñando operaciones map/reduce cada vez más complejas y ofreciéndolas como una biblioteca, Sawzall, que permitía de manera sencilla definir filtros (*map*) y agregadores (*reduce*) un poco más complejos: sumatorios, rankings, cuantiles, etc.

En 2015, Sawzall se estaba usando como un lenguaje de propósito general, aunque fuera en el fondo solo una biblioteca para facilitar un modelo de programación. Para solucionar esto, se termina integrando dentro del lenguaje de programación Go, que se había creado en Google en 2009, como un conjunto de bibliotecas llamado Lingo.

9.2.6 La lluvia fina de la nube: Hadoop y Kubernetes

Las soluciones implementadas por Google, aunque no se encuentran muy detalladas en publicaciones de ámbito académico, han tenido un impacto altísimo en el desarrollo de otras soluciones independientes o de código abierto[16].

16: Los informes técnicos de Google acumulan miles de citas en artículos académicos. Por ejemplo, en 2024, el artículo sobre GFS [61] tiene más de 10.000 citas según Google Scholar.

Un ejemplo de tecnologías desarrolladas inspiradas en gran parte en la infraestructura de Google (ver fig. 9.6) son las ofrecidas por la Fundación Apache. La más conocida es Hadoop. Publicada en 2006, se trata de una colección de utilidades para coordinar servidores que manejan grandes cantidades de datos o cálculos, y que se inspira en MapReduce y GFS. HDFS es el sistema de archivos de Hadoop, inspirado en GFS [67]. Apache Hbase es un modelo de bases de datos no relacional que se basa en el modelo de Bigtable, y puede instalarse sobre Hadoop/HDFS. Igualmente puede instalarse Apache Spark, otro modelo de computación distribuida que flexibiliza el marco de MapReduce utilizado por Hadoop. Esta estela dejada por Google ha sido codesarrollada y/o adoptada por una miríada de empresas que actualmente utilizan Hadoop como su modelo distribuido, entre ellas Yahoo!, Facebook [68] o eBay [69].

17: Kubernetes es un nombre muy largo y a veces se abrevia como K8s, donde el 8 solo indica el número de letras entre K y s.

18: Un contenedor es un conjunto de programas aislado del sistema operativo, que accede a sus recursos sin conocer la existencia del resto de programas que pueden estar instalados. De este modo, se evitan problemas de dependencias y podemos tener conviviendo en una misma máquina varias 'configuraciones' de instalación. Un contenedor puede incluir al sistema operativo en sí, en cuyo caso hablamos de máquinas virtuales, que corren dentro de otros sistemas operativos.

Kubernetes [70] es otra de las contribuciones de Google ampliamente adoptada por la comunidad[17]. Escrita en Go y liberada como código abierto en 2014, se trata de un sistema de coordinación de máquinas (virtuales o físicas) mediante contenedores para entornos distribuidos[18]. Básicamente, cubre aspectos similares a Hadoop, pero con la flexibilidad de permitir el uso de cualquier tipo de aplicación o sistema a través de los contenedores, con lo que no limita, por ejemplo, el uso como sistema de archivos a HDFS, o del procesamiento en paralelo a MapReduce [71]. En un entorno de necesidades altamente cambiantes, Kubernetes se ha convertido probablemente en el middleware definitivo para desacoplar el desarrollo de servicios de la infraestructura necesaria. Definitivo hasta la próxima iteración tecnológica. Independientemente de lo que nos depare el futuro, los conceptos de la problemática distribuida y sus soluciones seguirán en la base de cualquier tecnología en este ámbito y esperamos, con este libro, haber contribuido a entender sus 'tripas' un poquito mejor.

EJERCICIOS

Ejercicios | A

A continuación se listan una serie de ejercicios resueltos. Se trata de preguntas y supuestos prácticos que puedan permitir valorar si se han comprendido los conceptos explicados en el libro.

A.1 Modelos

Sea una empresa pequeña con 20 equipos comprados al mismo distribuidor. Tanto los equipos como una impresora están conectados en red. ¿En qué modelo físico encuadrarías este sistema distribuido?

Si los equipos están comprados al mismo distribuidor, probablemente sean equipos similares, luego la heterogeneidad no será muy alta. Además son pocos equipos, escala baja. El esquema se puede parecer bastante a los primeros sistemas distribuidos, con pocos equipos similares entre sí, así que estaríamos hablando de un modelo de primera generación. No nos deberíamos preocupar mucho por problemas de rendimiento o comunicación.

Desde el punto de vista de la arquitectura, ¿qué son las Google Apps?

Son un tipo de computación en la nube. Básicamente, se trata de una variación del modelo cliente-servidor en la que el usuario accede a servicios que son, en sí mismos, aplicaciones completas de escritorio (p. ej. Gmail como gestor de correos o Google Docs como editor de texto).

He desarrollado una aplicación que ha tenido éxito y tiene mucha demanda de usuarios a nivel global. Tengo experiencia en manejo de servidores, pero no tengo manera de conseguir un sistema grande de replicación y cálculo, tengo que alquilarlo. Quiero ahorrarme tanto coste como sea posible. ¿Qué opción XaaS sería más conveniente?

Parece que la opción más interesante sería la de Software como Servicio (SaaS), donde solo alquilamos equipos, pero toda la gestión la hacemos nosotros. Si la experiencia en gestión de servidores que tenemos no llega a las tareas de mantenimiento distribuido, podríamos necesitar una Plataforma como Servicio o una Infraestructura como Servicio que nos gestione aquello que desconocemos, pero en principio, si queremos ahorrar costes inmediatos, posiblemente la mejor opción sea simplemente SaaS. No obstante, habría que ser cuidadoso, y asegurarnos que tenemos suficiente personal bien cualificado para dedicar a la gestión.

¿Qué tienen parecido en su filosofía de funcionamiento el algoritmo de Ricart y Agrawala para exclusión mutua distribuida y el algoritmo de Paxos?

Ambos utilizan una estrategia de sondeo y ejecución. En una primera fase, en Ricart y Agrawala un nodo que quiere entrar en la sección crítica pide acceso, y con las respuestas, en una segunda fase decide si acceder o no. Lo mismo pasa en el algoritmo Paxos, pero para decidir el valor de una variable. En una primera fase, se solicita a un quórum de procesos el cambio, y en una segunda, se realiza el cambio, o se aborta si fuera necesario, según las respuestas de la primera fase.

A.2 Comunicación

Tenemos un sistema con un servicio que, cuando es invocado, retorna los 1000 primeros decimales del número pi. Sabemos que el canal de comunicación no es fiable, y por tanto los clientes pueden perder las respuestas a sus peticiones y hacernos peticiones duplicadas. ¿Podemos tener algún problema en este sistema?

No habría ningún problema. Se trata de peticiones de consulta (¿cuál es el valor de los 1000 primeros decimales de pi?), con lo que no hay ninguna alteración del estado que pueda verse afectada por repeticiones en la petición. Si acaso, si se perdieran de manera sistemática todas las respuestas, llevando a repeticiones continuas de la consulta, podríamos tener una especie de ataque de denegación de servicio.

Sea un sistema de pago por internet, donde el cliente quiere tener seguridad de que la operación se ha realizado. Desde el punto de vista del servidor, queremos evitar tener mucho tráfico de red, y no hay problema en mantener en memoria un histórico para evitar peticiones duplicadas, que borra una vez al día, a las 03:00 (el servicio no está disponible de 00:00 a 07:00). ¿Qué modo de comunicación usarías? Razona tu respuesta.

Utilizaría el protocolo Petición-Respuesta básico, o Request-Reply (RR). La respuesta (reply) es importante para saber que la operación se ha realizado. Ya que el histórico se borra periódicamente y no les importa mantenerlo en memoria, pero sí tener poco tráfico, no haría falta hacer un acuse de recibo (ack) de la respuesta, que implicaría mandar un tercer mensaje en cada pago.

Queremos acceder a los elementos en la posición (X,Y) de una matriz bidimensional mediante un servicio web RESTful. ¿Cómo diseñarías la llamada del servicio?
Si queremos que el servicio sea RESTful, solo deberíamos recurrir a los métodos de HTTP (GET, PUT, POST, DELETE). Como buscamos acceder a una posición, hablaríamos de una consulta, así que usaría una petición GET. Deberíamos identificar los estados (en este caso, los elementos de la matriz) con subrutas más bien que como argumentos. Así, podríamos diseñar una llamada como esta: GET http://servicio.com/matriz/{x}/{y}, donde x e y son valores enteros.

A.3 Sincronización

A.3.1 Sincronización física

Cualquier sistema de sincronización en un modelo asíncrono está sujeto a un error o incertidumbre. ¿Por qué?
Porque es imposible predecir los tiempos de retardo invertidos en el envío de mensajes, ni en el procesamiento de la respuesta por parte del nodo con el que nos queremos sincronizar. Esto hace que, cuando nos llega el tiempo al que sincronizarnos, haya pasado un intervalo de tiempo amplio, dentro del cual desconocemos en qué momento exacto se consultó el tiempo recibido.

En un sistema de 5 nodos que implementa el algoritmo de Berkeley para sincronización interna, el nodo maestro N1 recibe las desviaciones N1=0,N2=12,N3=-3,N4=8, N5=3 (en minutos) respecto a su tiempo. ¿Qué propuesta de modificación de tiempos enviaría a todos los procesos? Razona tu respuesta.
La propuesta sería adelantar todos los relojes en 4 minutos. N1 recibiría cinco desviaciones con las que calcularía la media: 0+12-3+8+3=20, 20/5=4. Este sería el tiempo medio de desviación, así que todos los nodos, incluido N1, se sincronizarían al tiempo de N1 más 4 minutos.

En un sistema de sincronización simétrica por NTP en el que A hace una petición a B, sabemos: 1) el tiempo que han tardado en enviarse los dos mensajes necesarios: t y t' (5 segundos en total), 2) que el proceso A ha recibido de B el tiempo $t_B=22$ (suponemos que B procesa la petición instantáneamente, t1=t2). Con estos datos, ¿qué podemos precisar? Razona tu respuesta.

Que la estimación del offset se dará con una precisión de 2.5 segundos. Nos faltan datos para hacer más suposiciones, en particular, nos faltan los tiempos en los que se enviaron y recibieron la petición y la respuesta NTP. Pero sí que tenemos el retardo o *delay*, d=t+t', que nos identifica el límite superior del error que cometeremos en la sincronización (d/2).

En el modelo NTP simétrico, ¿qué medidas conocemos de manera precisa?
Conocemos de manera precisa el momento en el que hemos enviado la petición de sincronización, y el momento en el que hemos recibido la respuesta. También conocemos de manera precisa, pues se adjunta al mensaje de respuesta, el momento en el que el servidor NTP ha recibido nuestra petición, y el momento en el que ha enviado su respuesta. Ambos pares de momentos están medidos en sistemas de tiempo distintos. No obstante, a partir de estas cuatro medidas podemos saber de manera precisa el retardo en la comunicación, es decir, cuánto han tardado en viajar los dos mensajes (ida y vuelta) de manera *conjunta*. Este valor se llama *delay* o retardo, y nos va a saber para estimar el error o incertidumbre respecto al tiempo que tomemos para sincronizarnos.

A.3.2 Relojes lógicos

Sean los eventos a y b que ocurren en el proceso 1, los eventos c y d que ocurren en el proceso 2 y el evento e que ocurre en el proceso 3. b es un evento de envío de un mensaje m que se recibe en e. ¿Qué se puede concluir sobre los eventos a y d?
Que son concurrentes. Solo hay una relación entre procesos, la que establece entre b→e. Mediante la propiedad transitiva, dado que a→b (eventos locales al proceso 1), podemos inferir a→e, pero con respecto a c y d, no podemos hacer ninguna asunción y deberíamos tratar ambos eventos como concurrentes.

Sean los relojes vectoriales V1=(1,0,1,7) y V2=(0,0,2,8), correspondientes a los eventos E1 y E2. ¿Qué podemos concluir respecto a E1 y E2?
Sabiendo esto, solo podemos decir que son eventos concurrentes. Si V1 fuera (0,0,1,7), sería estrictamente menor que (0,0,2,8) y podríamos inferir que E1→E2, pero al haber visto E1 un mensaje del proceso relativo a la primera posición del vector, que no ha visto E2 (y al revés, E2 ha visto mensajes que no ha visto E1 respecto a los procesos relativos a las posiciones tres

y cuatro), no podemos hacer ninguna asunción respecto a su orden.

Sea un sistema en el que se envían multitud de mensajes muy pesados por una red interna con un ancho de banda no muy bueno. Queremos utilizar algún tipo de sistema lógico de temporización. ¿Qué método utilizarías?

Dado que se hace hincapié en que se multidifunden muchos mensajes de gran tamaño, y que la red no es muy buena, entendemos que no queremos sobrecargar esos mensajes con mucha información adjunta. Ambos modos de temporización lógica (relojes lógicos y relojes vectoriales) requieren adjuntar marcas temporales. En el caso de los relojes vectoriales, se adjunta un vector, mientras que, en el caso de relojes lógicos, solo un entero. Si tenemos pocos procesos enviando mensajes, nos podemos plantear usar un reloj vectorial, pero dado que no hay condiciones fuertes sobre cómo hacer la temporización, parece más razonable usar solo tiempos lógicos, que solo van a cargar con un entero adicional cada mensaje.

A.3.3 Depuración distribuida

Sea la siguiente red de estados globales: S0→S1→S2→S3. En esta red, se evalúa un predicado P con el siguiente resultado: Verdadero→Verdadero→Falso→Verdadero. ¿Qué podemos concluir sobre el predicado? ¿Se hará Falso en cualquier ejecución del algoritmo distribuido al que hace referencia la red de estados, o nunca se hará Falso, o solo algunas veces?

Se trata de una red de estados muy simple, en la que no hay bifurcaciones en el código en ningún caso. Probablemente se refiera a una red de estados en un sistema con solo un proceso, o con varios procesos muy pautados por los mensajes de envío y recepción. Al no haber bifurcaciones, solo hay una linealización, que pasa siempre por un estado (S2) en el que el predicado se hace Falso, por tanto, podemos asegurar sin duda alguna que en todas las ejecuciones del algoritmo, el predicado se hará Falso en algún momento.

Sean dos procesos A y B. Sea C_{AB} el canal de salida de A hacia B y C_{BA} el canal de entrada de A desde B. Cuando A comienza el algoritmo de la instantánea de Chandy-Lamport, se encuentra en el estado S_A=(x=23,y=0). En ese momento S_B=(x=10,y=10). B envía a A, concurrentemente al envío de la instantánea, un mensaje m(x=10), cambiando su estado a S_B=(x=0, y=10). Cuando llegue a A, m provoca que incremente su valor x en 10, pasando pues a un estado S_A=(x=33,y=0). ¿Qué estado global registrará el corte identificado por la instantánea? Razona tu respuesta.

El estado registrado será:

S_A=(x=23, y=0), S_B=(x=0, y=10), C_{AB}=[], C_{BA}=[m(x=10)]

Lo primero que hace un proceso que inicie el algoritmo de la instantánea será registrar su estado local, así que S_A=(x=23, y=0). Además, registrará sus canales de salida vacíos (en este caso, solo hay uno C_AB). El estado de los otros procesos lo recibirá en las respuestas que estos le envíen. Como B ha cambiado su estado justo cuando A estaba iniciando la instantánea, lo que veremos será una situación distinta al momento inmediato de comienzo de la instantánea, así que B responderá con su nuevo estado S_B=(x=0, y=10). Antes de recibir la respuesta a la instantánea, A recibirá el mensaje m(x=10), que registra en su canal de entrada correspondiente C_{BA}.

A.4 Coordinación

A.4.1 Elección

Sea un sistema de 10 procesos (P1 a P10) en el que la elección del proceso coordinador se gestiona mediante el algoritmo del abusón. Estando todos los procesos activos, en un determinado momento, el proceso coordinador P10 se cae. Lo detecta el proceso P5 y multidifunde un mensaje de elección, pero posteriormente P5 se cae. ¿Qué proceso sería el nuevo coordinador al terminar la elección iniciada por P5?

Si el proceso P5 detecta la caída, habrá multidifundido su postulado a los proceso P6 a P10. Asumiendo que la multidifusión es fiable, esos 5 procesos recibirán el mensaje (aunque P10 está caído y no lo tratará). Cada uno de ellos responderá a P5, que al haberse caído no tratará la respuesta. Cada uno de ellos, luego iniciará unas nuevas elecciones: P6 enviará a P7-10, P7 a P8-10, etc. Homólogamente, cada proceso superior 'vivo' responderá a los nuevos postulantes. Por ejemplo, P7, P8 y P9 responderán a P6, inhibiéndolo del proceso. Al final, solo P9 no será inhibido, al multidifundir solo a P10, y este no responder. En definitiva, al final de todas las elecciones disparadas, P9, tras pasar un timeout sin recibir inhibición de P10 (caído), mandará un mensaje indicando que es el nuevo coordinador a todos los procesos. P5 y P10, caídos, no tendrán esta información actualizada, y deberán iniciar un proceso de elecciones, o bien hacer alguna consulta por cuál es el coordinador, en caso de recuperarse posteriormente.

A.4.2 Exclusión

Queremos implementar un sistema de exclusión mutua distribuida, teniendo en cuenta que a) queremos que las entradas en la SC cumplan con el requisito de ordenación y b) queremos minimizar el ancho de banda utilizado. ¿Qué método propondrías?

De los distintos métodos de exclusión mutua distribuida, la ordenación total solo la garantizan los métodos de Ricart y Agrawala y Maekawa. El método de servidor central puede hacer una ordenación FIFO en función del orden en el que ve las peticiones el servidor. Si ese tipo de ordenación fuera suficiente, este método es el que menos mensajes requiere. En caso de que no fuera suficiente, Maekawa sería seguramente la mejor opción, ya que es equivalente a Ricart y Agrawala, aunque utiliza menos mensajes, a cambio de definir conjuntos de voto adecuados.

En un sistema de acceso a la sección crítica regulado por el algoritmo de Ricart y Agrawala, un proceso A que quiere entrar en la sección crítica desde TA=13, y con un reloj CA=23, recibe una petición de entrada en la SC de un proceso B con TB=20. ¿Qué hace A?

El proceso A no respondería a B, ya que su tiempo de petición $TA < TB$. Su reloj lógico CA se incrementaría a 24, pues es mayor que TB, tiempo adjunto a la petición, y por tanto solo se incrementaría en uno, siguiendo las condiciones de Lamport. Aunque A no contesta inmediatamente a B, deja su petición en una cola, para responderle cuando A salga de la sección crítica, y evitar así la inanición o el interbloqueo.

Sean los siguientes conjuntos de voto en un sistema con 4 procesos A,B,C,D: V(A)=A,B, V(B)=B,C, V(C)=C,D, V(D)=D,A. ¿Se podría decir que cumple con los criterios del algoritmo de Maekawa?

Los conjuntos de voto de Maekawa requieren estar muy imbricados entre sí. En particular, cada proceso tiene que estar en su propio conjunto de voto (lo cual se cumple) y cada conjunto tiene que tener un tamaño suficiente. En principio Maekawa dice que vale con un tamaño similar a $\sqrt{(N)}$, es decir, en este caso 2. Sin embargo, no es un tamaño suficiente para cumplir con otra condición de los conjuntos de voto, que indica que todos los conjuntos deben tener una intersección no nula con el resto. En este caso, por ejemplo, la intersección de V(A) con V(C) es nula. El hecho de tener conjuntos de voto 'desconectados' puede hacer que el conocimiento de la red del subconjunto de voto sea incompleto, y por tanto su permiso no sería válido para entrar en la sección crítica con seguridad.

A.4.3 Multidifusión

Sea un sistema de muldifusión fiable sobre IP-multicast de 3 procesos. El proceso P3, que mantiene los números de secuencia (0,2,7), recibe un mensaje m de P2, con secuencias adjuntas (2,2,7). ¿Qué hace el proceso P3 a la recepción del mensaje m?

P3 compara su vector de recepciones con el de m y observa que ha visto dos mensajes menos de los multidifundidos por P1 que P2. En cualquier caso, P3 entregaría (procesaría) el mensaje m, pero después podría tomar medidas como enviar a P1 un acuse de recibo negativo (nack) respecto a los dos mensajes que ahora sabe que P1 ha enviado y no ha recibido. En cualquier caso, esto se puede hacer en este momento, o solicitar solo cuando reciba el siguiente mensaje multidifundido directamente por P1.

Cuatro mensajes, q11, q12 (enviados por P1) y q21, q22 (enviados por P2) se entregan en el siguiente orden en 3 procesos:

- ► P1 (q11,q12,q21,q22)
- ► P2 (q21,q11,q22,q12)
- ► P3 (q21,q11,q22,q12)

¿Qué tipo o tipos de ordenación se pueden asegurar que cumple el sistema?

Los mensajes se entregan en el orden en el que se han enviado localmente por P1 y P2, es decir, q11 siempre se recibe antes que q12, y q21 siempre antes que q22. Esto es suficiente para asegurar que se cumple el orden FIFO. No se cumple el orden total, pues requeriría que las secuencias de mensajes entregados fueran exactamente iguales en los tres procesos, y en el caso de P1 el orden difiere respecto a P2 y P3. En cuanto a la ordenación causal, el enunciado no indica nada sobre las relaciones causales o 'sucede antes que' presentes. Si consideramos que no hay relaciones causales más allá de las que podemos inferir por los procesos locales (q11→q12 y q21→q22), sí se cumpliría la ordenación causal. Si existieran otras relaciones, habría que revisar la respuesta en función de ello.

En un sistema de multidifusión ordenada total mediante ISIS, un proceso P mantiene una cola de mensajes (m1, 2.3, provisional) (m2, 2.4, definitivo). Cuando recibe un mensaje acuerdo(m1, 2.5), ¿qué haría?

En la cola, m2 sigue en la cola porque aunque ya tenga un tiempo acordado definitivo (2.4) este es mayor que el de m1, que es provisional (2.3). Por tanto, puede que el acuerdo sobre m1 sea mayor al propuesto por el proceso P (el tiempo acordado es el mayor de todos los propuestos), y por ello no se puede entregar m2 todavía. Al recibir como acuerdo 2.5 para m1, la cola se reordena, de manera que quedaría así: (m2,2.4,definitivo) (m1,2.5,definitivo) Ahora sí, podría entregar m2, pues no hay mensajes con tiempo menor y ya se encuentra acordado. Eliminaría m2 de la cola y a continuación entregaría m1, por la misma razón.

Sea un sistema distribuido con un millón de nodos conectados, en el que queremos mantener un cierto orden, pero no nos importa el tipo de ordenación, siempre que: 1) no implique un aumento en el número de mensajes en la red y 2) no implique un aumento excesivo en el tamaño de los mensajes multidifundidos. ¿Qué sistema de ordenación es más recomendable?

Si no nos importa el modo de ordenación, pero queremos alguna ordenación, podemos elegir entre tres tipos: ordenación FIFO, causal y total. La ordenación total requiere una fase de sondeo y otra de aprobación, por lo tanto, habría que recibir propuestas de un millón de nodos, y multidifundirles luego un acuerdo. Parecen demasiados mensajes teniendo en cuenta el requisito 1). En la multidifusión FIFO o causal no hay mensajes adicionales, solo debemos adjuntar a los mensajes un reloj vectorial. Si no queremos enviar un reloj vectorial con el número de mensajes recibidos del millón de nodos, podríamos simplemente enviar el número de mensajes enviados previamente por nosotros mismos. Eso nos aseguraría un orden FIFO, y no tendría carga de mensajes adicionales, y una carga mínima extra en los mensajes multidifundidos.

Sea un sistema de muldifusión ordenada FIFO de 3 procesos. El proceso P3, que mantiene los números de secuencia (2,2,7), recibe un mensaje m de P2, con secuencias adjuntas (3,2,7). ¿Qué hace el proceso P3?
En una multidifusión ordenada FIFO, P3 verá que el número de mensajes recibidos de P2 coincide con lo que indica en su vector adjunto (2), así que podría entregar ya el mensaje. No obstante, sí hay una diferencia entre sus vectores, P3 ha visto un mensaje menos recibido de P1 que P2. Por tanto, el mensaje 3 de P1 y el mensaje 3 de P2 se entregarán en distinto orden en P2 y P3, pero esto no afecta al orden FIFO, centrado solo en el orden respecto a cada proceso emisor por separado.

A.4.4 Consenso

Tenemos un sistema donde controlamos las caídas de procesos mediante el algoritmo del abusón. En el sistema, tenemos problemas de fallos arbitrarios o bizantinos, y queremos establecer algún sistema de consenso para modificar el valor de una variable. ¿Qué algoritmo utilizarías, Paxos, PBFT o Raft? Razona tu respuesta

Utilizaría PBFT. Si ya tenemos cubierta la elección de coordinadores en casos de caída mediante el algoritmo del abusón, Raft es menos útil, ya que aparte del consenso gestiona las elecciones. Pero, sobre todo, ni Raft ni Paxos se centran en el problema de los fallos arbitrarios. En ambos casos, tratan solo el problema de nodos caídos o con presencia intermitente. Para llegar a consenso en un sistema con fallos arbitrarios, de las alternativas dadas solo PBFT ofrece esta solución, mediante una modificación de Paxos que multiplica las difusiones de las peticiones de cambio y sus respuestas, para que todos los nodos puedan contrastarlas y decidir en base a una mayoría de respuestas. Es un sistema parecido al que Lamport plantea como solución al problema de los generales bizantinos. Habría otras soluciones posibles fuera de las alternativas propuestas. Pasarían por aportar algún tipo de prueba acerca de la decisión tomada, o por implementar algún sistema de autenticación de los nodos, como ocurre en las distintas aproximaciones a registros distribuidos.

Tenemos un sistema donde nos es imposible tener identificadores únicos para los procesos, y donde estos pueden fallar por caída. Buscamos algún método para elegir un coordinador o líder para determinadas tareas. ¿Cuál elegirías?

En el libro hemos visto el algoritmo del abusón y Raft, aunque este segundo también realiza otras tareas. Un método similar al abusón va a requerir identificadores únicos y comparables, eligiendo a aquél con mayor identificador. El método de Raft, sin embargo, simplemente elige como nuevo coordinador al proceso que se haya enterado más pronto de la caída del coordinador anterior. No obstante, también podríamos buscar alguna característica medible de los nodos y utilizarla como 'identificador', que es a la postre lo que hace Raft con el tiempo. Podríamos usar el porcentaje libre de CPU, la memoria disponible o cualquier otro parámetro para discriminar entre máquinas y elegir a una de ellas mediante un método como el del abusón. Por la pregunta no sabemos si esto es posible o no, pero si fuera posible, sería otra opción válida.

A.5 Archivos

Si tienes un conjunto pequeño de informes en PDF con resultados finales que quieres que una pequeña comunidad científica se descargue, ¿qué sistema utilizarías? Razona tu respuesta.

Si se trata de resultados finales que no van a ser modificados, no vamos a tener problemas de consistencia, pues lo único que vamos a tener son peticiones de lectura. Así, descartaríamos sistemas de archivos distribuidos como NFS, AFS o GFS o sistemas de edición concurrente como el de WikiMedia o Git. Podríamos pensar en un sistema P2P tipo BitTorrent, pero si se trata de una pequeña comunidad, vamos a tener pocos nodos que consideramos volátiles (i.e. no siempre conectados) así que hay un riesgo considerable de que los archivos no estén disponibles, además de añadir una lógica compleja de direccionamiento (routing overlay, trackers, etc.). Posiblemente lo más sencillo sea lo más apropiado en este caso: un servidor FTP o similar que esté siempre disponible y cuya dirección conozcan los clientes de la comunidad.

Sea un sistema de archivos distribuido donde se ha monitorizado el uso que hacen los usuarios: un 3 % de las peticiones son para actualizaciones, un 90 % son para lecturas y un 7 % son consultas de metadatos. La media de usuarios conectados a la vez es de 10.7, con un pico a las 20:00 de 150.2. El sistema tiene unos 900 archivos, que se acceden aproximadamente con la misma frecuencia ¿Qué estrategia elegirías?

Con esos datos de uso, vamos a tener pocas ediciones concurrentes (un 3 %). En el peor caso (el pico de las 20:00), tendremos $150.2*0.03 \sim 4.5$ usuarios haciendo escrituras a la vez, y $4.5/900=0.005$, es decir, un 0.5 % de posibilidades de que estén modificando el mismo archivo a la vez (consideramos como dice el enunciado que todos los archivos se acceden con la misma frecuencia, y no consideramos el tiempo durante el que se están accediendo los archivos). Con estos números, parece razonable elegir una estrategia de control de la concurrencia optimista (OCC). Por un lado, va a ser más sencilla de implementar, y el riesgo de modificaciones concurrentes es bajo. Tal vez un sistema de concurrencia sobre HTTP mediante hashes como hace MediaWiki sería una buena opción. No obstante, el riesgo de modificaciones concurrentes no es cero, deberemos implementar algún protocolo o instrucciones en caso de conflicto. Además, estaría bien seguir monitorizando el uso del sistema por si aumentan el número de archivos o las operaciones de escritura.

A.5.1 NFS

Sea un sistema NFS (que no usa NLM), donde un proceso P tiene un archivo F validado por última vez en $Tc=12$. El intervalo de refresco tolerado es $t=5$. El tiempo de última modificación del archivo es $Tm=13$. Si P consulta el archivo en $T=18$, ¿sería una copia válida? ¿Y en $T=16$? ¿Si en alguna de las dos situaciones no fuera una copia válida, NFS tendría un problema de consistencia? Razona tus respuestas.

En ambos casos, la copia de F que tiene P no es válida, ya que corresponde a una versión del archivo consultada por última vez en $Tc=12$, y hay una nueva versión modificada en $Tm=13$. En $T=18$, ha pasado un tiempo mayor al tiempo de refresco tolerado desde la última vez (12+5). Por tanto, NFS no permitiría una modificación sobre F sin consultar previamente al servidor. El servidor le indicaría su Tm, P vería que es mayor a su Tc y solicitaría la nueva versión. Así, no habría ningún problema de consistencia. En $T=16$, al entrar dentro del intervalo de refresco tolerado (12+5), P sí tendría un problema de consistencia, pues consideraría su copia como válida y podría efectuar modificaciones sobre ella, sin ser la última versión disponible, y por tanto dando lugar a dos versiones distintas del archivo. NFS confía en que no habrá modificaciones concurrentes en tiempos de refresco bajos. Si queremos asegurar la consistencia de manera más estricta, deberíamos recurrir al modo de funcionamiento de NFS de bloqueo de archivos (NLM).

Un cliente ha montado un sistema de archivos NFS remoto en su carpeta local /usr/remote. El sistema de archivos está alojado en un servidor en /etc/share/documents. Para acceder al documento a.pdf alojado en /etc/share/documents/personal/a.pdf, ¿qué ruta tendría que usar el cliente? Razona tu respuesta.

Para el cliente, la ruta sería /usr/remote/personal/a.pdf. El cliente no puede acceder a rutas absolutas del servidor, pues no se encuentran en su sistema (o si se encuentran, no se referirían a las carpetas remotas), así que no puede acceder a /etc/share... Por tanto, NFS tiene que construir la ruta combinando el punto de montaje /usr/remote/ con la subruta correspondiente dentro del servidor en /etc/share/documents, es decir, personal/a.pdf. De este modo puede acceder de manera transparente a rutas remotas como si fueran locales. Como desventaja, este método obliga a NFS a muchas operaciones lookout para resolver rutas.

A.5.2 AFS

Sean dos clientes A y B de un sistema de archivos distribuido AFS. Sea un archivo compartido F. Los clientes A y B ejecutan una serie de operaciones en el siguiente orden: A:open(F), B:open(F), A:write(F), B:write(F), A:close(F). ¿Cuál sería el efecto de esta secuencia de operaciones sobre el archivo F en el servidor?

Tanto A como inmediatamente después B abren F, así que obtendrán sendas copias del archivo en su memoria local, así como una promesa de notificación si el servidor recibe modificaciones de F. Ambos modifican el archivo, pero solo A lo cierra, con lo cual su nueva versión del archivo queda almacenada en el servidor AFS, que notificará a B de este hecho. B no podrá, por tanto, hacer una operación close(F) hasta que no haya resuelto el problema de consistencia entre su versión modificada de F y la nueva versión (modificada por A) que ya se ha consolidado en el servidor.

Sea un servidor AFS que ha mandado a los procesos *A* y *B* *callback promises* acerca de un archivo *F*. *A* lee el archivo y luego lo modifica. *B* modifica el archivo. El servidor se cae perdiendo toda su memoria sobre el estado de los procesos. A continuación se reinicia. Después el proceso *C* solicita el archivo *F*, lo modifica y lo cierra. ¿Qué actualizaciones se aplican a *F*, y qué otros eventos ocurren? Razona tus respuestas.

Al caerse perdiendo el estado de los procesos, no recuerda al reiniciarse las callback promises que había realizado a A y B. Por tanto, cuando C cierre el archivo, su nueva versión del mismo quedará consolidada en el servidor, pero ni A ni B recibirán un aviso. Ambos han modificado el archivo, así que sus versiones no serán válidas, y encima no lo sabrán hasta que no intenten realizar una operación de cierre (close). Este es un problema de AFS: al tener que gestionar internamente algunos aspectos del estado de cada cliente (qué archivos han solicitado), necesita asegurar que dicho estado permanece en caso de caídas.

Ordena, de mayor a menor, la penalización al rendimiento de las siguientes estrategias para tratar con escrituras en archivos distribuidos: bloqueo de archivos, estrategia optimista (por ejemplo, la operación close en AFS, o el commit de Git), write-through (escritura exhaustiva como en NFS). Razona tu respuesta.

La mayor penalización al rendimiento es el bloqueo de archivos. Equivale a convertir el acceso al archivo en una sección crítica, con lo que vale con que un proceso esté consultándolo para que el resto de procesos que quieren acceder a él (para lectura o escritura) tengan que esperar. Es el modelo más estricto y el que asegura la consistencia en cualquier caso. El modo NLM de NFS sería este tipo de aproximación. La escritura exhaustiva sería el siguiente método que más penaliza el rendimiento. En el caso de una escritura en el servidor (o en una réplica en sistemas de réplicas), este se asegura de que esa misma escritura se lleva a cabo en todos los clientes o réplicas que tienen una copia del archivo. Esta estrategia hace que las escrituras puedan ser lentas, especialmente si hay muchas versiones del archivo en cuestión. La estrategia optimista es la más rápida, pues no requiere sincronización con otras réplicas o procesos, simplemente con el servidor. No obstante, puede presentar problemas si otro proceso ha realizado cambios sobre su archivo o réplica concurrentemente.

A.6 P2P

Queremos construir un sistema de compartición de información con las siguientes características:

1. que dé soporte a millones de usuarios;
2. con un coste bajo en infraestructuras;
3. que aproveche la capacidad de almacenamiento de los usuarios;
4. que recopile información del comportamiento de los usuarios.

¿Cuál de estas características no sería fácil de conseguir mediante una red P2P tipo BitTorrent con servidores trackerless? Razona tu respuesta.

Un sistema tipo BitTorrent escala sin dificultad a millones de usuarios. De hecho, se ve potenciado cuantos más usuarios tengan la información (torrent). A nivel de infraestructura, no necesitamos más que algún servidor de handshake para poblar las tablas de encaminamiento de los nuevos nodos que se conecten a la red. El ancho de banda requerido para es bajo, al igual que su necesidad de memoria. Son los usuarios los que utilizan su memoria y su ancho de banda para compartir y alojar la información, así que un sistema P2P aprovecha sin duda esos recursos. Sería difícil recopilar información de comportamiento, más allá de sus conexiones, que podríamos registrarlo en los servidores de handshake (en caso de que todos fueran de nuestra propiedad, a lo que el protocolo no obliga). También sería difícil si fuera una versión con trackers, pues de nuevo, es muy probable que no todos los trackers sean de nuestra titularidad para registrar allí las consultas que hacen por archivos.

¿Cómo sabe el servidor de indizado de Napster que un peer P1 tiene ahora una canción compartida por el peer P2?
Tras completarse la transferencia entre P1 y P2, P1 notifica al servidor de indizado que tiene la canción. El servidor actualizará sus índices para que ahora P1 también sea un nodo disponible con la canción.

¿Por qué, en su aplicación para compartición de archivos más usual, no hay problemas de consistencia en una red P2P?
Porque se suelen compartir archivos audiovisuales o, en general, archivos de solo lectura. Por tanto, no hay diferentes versiones de los archivos ni problemas de consistencia. Existen redes descentralizadas que sí comparten información que se modifica con el tiempo, por ejemplo, para copias de seguridad (Resilio) o incluso como sistemas de archivos distribuidos (OceanStore), pero no están muy extendidas de momento.

¿Por qué las entradas de una lista de encaminamiento, si no se limitan, pueden tener un número asimétrico de elementos?
Porque cada entrada hace referencia a nodos que están a una distancia determinada del nodo que tiene la lista. A distancias mayores, hay más nodos que a distancias menores, de ahí la asimetría. Por ejemplo, si imaginamos la lista de encaminamiento del nodo 000 (en un espacio de 3 bits), a la distancia binaria más alejada, es decir, que se diferencien en el tercer bit, hay cuatro nodos: 100, 101, 110 y 111, mientras a la distancia más cercana, que se diferencien en el primer bit, solo hay un nodo: 001.

Tenemos un sistema de enrutado solapado mediante XOR con capacidad para 2^{64} nodos. ¿Cuántas consultas, como máximo, tendremos que hacer al sistema para ubicar un recurso? Razona tu respuesta.
El enrutado solapado mediante XOR permite, con cada consulta, estar al menos un bit más cerca del nodo que se busca. Por tanto, con un máximo de 64 consultas habremos ubicado el nodo que contiene nuestro recurso. En la primera iteración, en el peor caso, tendremos que preguntar a un nodo que esté muy alejado de nosotros (si el recurso se diferencia de nosotros en el bit 64). Ese nodo nos responderá con la dirección de nuevos nodos que, al menos, estarán un bit más cerca del recurso que en la consulta anterior. Así se repetirá el proceso hasta llegar al nodo o nodos que contienen el recurso. Se trata de una forma efectiva de recorrer un espacio exponencial (2^{64}) en con un número de consultas lineal (64).

Sea un sistema de enrutado solapado donde los nodos 10, 20, 30 y 40 tienen conocimiento de la ubicación de los siguientes nodos: 10=(7,15,20,30), 20=(15,23,25,30), 30=(20,32,40,50), 40=(20, 30,38, 44,50). Si se usa un sistema de distancia euclídea y solo se consulta a un nodo y se retorna un nodo como respuesta. ¿Cuántos saltos (hops) requiere un nodo que pregunta a 10 por la ubicación de 44 para obtener su respuesta? Razona tu respuesta.

Harían falta dos saltos. En un primer salto, el nodo 10 le preguntaría al nodo más cercano al 44 que conoce, es decir, al nodo 30. Este nodo le devolverá el nodo más cercano al 44 que él conoce (40). En un segundo salto, el nodo 10 le preguntaría ahora al nodo 40, que le respondería ya directamente con la ubicación del nodo 44, al cual conoce directamente.

Sea un sistema tipo Kademlia con entradas en la tabla de encaminamiento limitadas a k-buckets y distancias calculadas mediante XOR. Si un nodo A necesita N saltos para llegar hasta el nodo B. ¿Significa esto que el nodo B también necesita N saltos para llegar a A? Razona tu respuesta con un ejemplo.

No necesariamente, pues las tablas de encaminamiento no son iguales en todos los nodos. En un ejemplo sencillo, imaginemos que A es el nodo 110 y tiene una tabla de encaminamiento así (0:111, 1:101, 2:000). Imaginemos que B es el nodo 000 y tiene la siguiente tabla: (0:100, 1:010, 0:001) Si A busca el nodo B, lo encuentra inmediatamente en su tabla de encaminamiento, ha necesitado cero saltos. Si B busca al nodo A, no lo tiene en su tabla, así que tiene que consultar a el nodo más cercano (suponiendo $\alpha = 1$), es decir a 100, por su ubicación. Dependiendo de la tabla de encaminamiento de 100, este le podrá indicar la ubicación de A si la conoce, u otros nodos aún más cercanos (p. ej. el 111). En cualquier caso, habremos necesitado ya al menos un salto.

A.7 Replicación

Queremos un sistema de replicación que sea lo más sencillo posible de cara al frontal, donde esperamos pocas escrituras, y donde no es prioritaria una alta disponibilidad. ¿Qué sistema elegirías? Razona tu respuesta.

Elegiría un sistema de replicación pasiva. Por un lado, simplifica el frontal, que solo tiene que enviar peticiones a un nodo, el que elijamos como nodo primario o maestro. La replicación pasiva es lenta en el caso de escrituras, pues debe asegurar que ocurren en todas las réplicas de respaldo antes de responder al frontal. Si van a ocurrir pocas escrituras, esto no va a ser mucho problema, máxime si además la disponibilidad no es prioritaria.

Si en un sistema de replicación activa llegan dos peticiones de modificación del mismo archivo de manera concurrente, ¿cómo decidimos cuál se ejecuta antes?

En un sistema de replicación activa, las peticiones deben multidifundirse a todas las réplicas. Esta multidifusión debe seguir una ordenación total, para asegurar que todas las réplicas las ejecuten en el mismo orden. Por tanto, es la propia multidifusión ordenada total (p. ej. mediante el algoritmo ISIS) la que va a determinar cuál se ejecutará en primer lugar.

Sea un sistema de replicación con una estrategia perezosa. Un archivo F tiene como última versión la 7.0. Un cliente C ha visto como última versión la 3.0. En caso de que C haga una petición de lectura sobre F, ¿qué versión leería?

Un sistema de estrategia perezosa asegura que vamos a leer una versión más actualizada que la que conoce el cliente, por lo tanto, nos aseguraría una versión posterior a la 3.0, aunque no necesariamente la última (7.0).

Tenemos una arquitectura distribuida en la que ya tenemos implementado un sistema de marcas temporales para algunas tareas. Queremos replicar archivos, pero con respuesta rápida en caso de escrituras. Tenemos un buen ancho de banda y poco tráfico. ¿Qué sistema usarías? Razona tu respuesta.

Una estrategia perezosa parece la mejor opción. Va a permitir tener una respuesta rápida en escrituras, pues estas no ocurren en todas las réplicas a la vez, si no que se van propagando eventualmente. Para evitar problemas de consistencia en las lecturas, esto puede complementarse con marcas temporales, de manera que aseguremos que, al menos, se recibe una versión suficientemente actualizada para el frontal. El ancho de banda y el tráfico en principio no son demasiado importantes para esta solución en concreto, aunque sin duda ayudarían.

El algoritmo de Maekawa usa subconjuntos de voto para reducir la carga de conocimiento y mensajes que debe soportar cada nodo en un sistema distribuido. ¿Qué solución relacionada con la replicación sigue una filosofía parecida? ¿Por qué?

Los quórums de réplicas se parecen a los subconjuntos de voto. En ambos casos, en vez de involucrar a todo el conjunto de nodos para tomar decisiones, bien para el acceso a la sección crítica (Maekawa) o para la actualización de una réplica (quórum), lo que hacemos es involucrar solo a una parte de ellos. Para que esto sea fiable, tenemos que asegurar que dicho subconjunto representa de alguna manera al total, lo cual suele requerir que se solape con otros subconjuntos. En el caso de Maekawa, se hace mediante una combinación intrincada de los subconjuntos de votos de todos los procesos. En el caso del quórum, simplemente es necesario que la intersección de los quórums de lectura y escritura sea no nula.

Sea un sistema de transacciones con 10 réplicas, donde para mantener la consistencia hacemos consenso por quórum. Las operaciones de escritura son poco frecuentes, pero queremos contemplar el riesgo, muy bajo, de que una de las réplicas pueda fallar en una petición. ¿Qué tamaño elegirías para los conjuntos de quórum de lectura (R) y escritura (W)? Razona tu respuesta.

Dado que la escritura es muy poco frecuente, podemos asignar un quórum grande a la escritura. Se usará pocas veces, así que no va a penalizar mucho al rendimiento. Podríamos elegir por ejemplo W=10 para escritura y R=1 para lectura. Así garantizaríamos el solapamiento entre quórums, de manera que daría igual a qué replica consultemos, pues todas van a estar actualizadas. Pero si queremos contemplar el riesgo de que una réplica falle, tal vez deberíamos hacer los conjuntos con al menos dos copias, de tal manera que si una falla, la otra nos pueda contestar. Por ello, podemos plantear mejor un quórum de escritura W=9 y de lectura R=2.

A.8 Registros

Queremos construir un sistema de registro legal de nacimientos, que no dependa de la confianza en ninguna institución analógica. No queremos sobrecargar el sistema de minado mediante pruebas de trabajo (proof-of-work), pero queremos evitar los ataques con identidad falsa o dobles identidades. ¿Qué sistema utilizarías? Razona tu respuesta.

Este es un ejemplo en el que una blockchain podría ayudarnos. Sin embargo, es un tema sensible. Además está directamente ligado a personas físicas (padres e hijos), así que para evitar suplantaciones de identidad elegiría una red permisionada, en el que solo tengamos pares que están correctamente identificados. Cada par podría ser un hospital con un número de referencia, o personas al cargo en el hospital mediante sus credenciales, o directamente los progenitores a través de su DNI. Asegurando así el acceso, podríamos limitarnos a una prueba de autoridad sencilla para la generación de nuevos bloques. Por ejemplo, cada padre/funcionario/hospital emitiría transacciones mediante un contrato inteligente sencillo con cada nuevo nacimiento del que fuera progenitor/responsable. Esas transacciones podrían emitirse al resto de nodos de la red, o simplemente acumularse y minar un nuevo bloque cuando hubiera suficientes (se podría hacer una transacción por bloque si se considerara necesario). Si se emitieran al resto de nodos, elegiría un sistema de sorteo o secuencial para elegir qué nodo es el que minará el próximo bloque. Limitar el acceso a la red mediante un sistema de autenticación puede tener sus desventajas, sobre todo la pérdida de anonimato, pero en este caso, parece la opción más sensata, y facilita mucho la generación de bloques.

Queremos construir un sistema de mensajes de chat descentralizado, donde tengamos un seguimiento de las conversaciones y su fecha de publicación. ¿Qué sistema de registro distribuido utilizarías?

Un sistema de mensajes de chat no parece que requiera de un registro distribuido. A no ser que se trate de alguna aplicación donde sea muy importante poder acreditar ante terceros lo que se ha dicho y quién lo ha dicho y a quien. Si este no es el caso, implementar una cadena de bloques para un chat sería una opción demasiado costosa y compleja. El hecho de que el chat sea descentralizado no parece justificación suficiente, se puede implementar un sistema de diseminación de mensajes descentralizado sin necesidad de una cadena de bloques. El hecho de que no haya un servidor central no implica necesariamente utilizar un sistema de criptografía y/o pruebas de identidad o de trabajo.

Imagina, dentro de bitcoin, un ataque en el que el atacante B recibe una transacción de A por N monedas (A-N-B), pero B emite a la red que la transacción ha sido de 2N monedas (A-2N-B). Sin estar complementado por un ataque Sybil, ¿prosperará? Razona tu respuesta.

Un ataque de doble gasto implica que la cantidad sea la misma, pero cambien las identidades. El nombre de doble gasto se refiere a que el mismo gasto se emite a destinatarios distintos, no a que se gaste el doble de dinero. Además, no es un ataque 'pasivo': el atacante inicia la transacción, no es el que la recibe. Cuando B emita la transacción A-2N-B para competir con la que emitirá A (A-N-B), pueden pasar varias cosas: en primer lugar, si A resulta que no tiene 2N monedas, ningún nodo validará la transacción. Si sí que tiene 2N monedas, ambas transacciones podrían imponerse en la blockchain, dependiendo de qué nodo realice el minado, pero con una probabilidad de éxito similar, al no haber un ataque Sybil que multiplique la emisión de la transacción A-2N-B. Por tanto, la probabilidad de éxito de este ataque estará entre el 0 % y el 50 %.

A.9 Google

Una estrategia frecuente para reducir el tamaño de archivos de vídeo es almacenar solo los cambios de un fotograma respecto al anterior, en vez de todo el fotograma. ¿En qué aproximación usa Google este tipo de estrategia?

Este tipo de estrategia incremental lo incorpora Google a su método de crawling con Caffeine. Para reducir los tiempos de antigüedad de los contenidos de la red indexada, pasa en torno a 2010 de un modelo en segundo plano a un algoritmo que funciona de manera continua. Para evitar que esta estrategia consuma demasiados recursos, de las páginas web de las que ya se tenía constancia, solo se almacenan los cambios respecto a su versión anterior. Es una estrategia muy utilizada en muchos ámbitos de la informática.

¿Qué desafíos son los que más influyen en que Google implemente sus propias soluciones middleware, a pesar de que se parezcan mucho a las soluciones disponibles?

Google tiene sobre todo que centrarse en el desafío de la escalabilidad. Indexar toda la web para el motor de búsqueda de Google es, por sí mismo un reto de escalabilidad. Para poder hacerlo en un tiempo razonable para el usuario, Google debe optimizar cada uso de memoria y cálculo que pueda. Por tanto, el rendimiento es otro desafío íntimamente ligado a la escalabilidad. Estos son los desafíos que hacen que Google use muchas soluciones, pero optimizadas para sus intereses. Esa optimización a veces implica eliminar funcionalidades que no necesita (como hacen con el kernel de Linux), o hacer soluciones ad hoc en vez de usar soluciones generalistas (como por ejemplo el diseño de los búferes de protocolo específicos en vez a XML o JSON).

Tenemos una serie de datos sobre usuarios: aplicaciones de Google que utilizan, tiempo de uso de cada aplicación, nacionalidad, y otros datos de comportamiento. ¿Qué tipo de datos usaría Google para almacenarlos? ¿Búferes de protocolo? ¿GFS? ¿Colossus? ¿Bigtable? ¿Chubby? Razona tu respuesta. ¿Conoces alguna otra alternativa fuera de Google?

GFS y su sucesor, Colossus, se utilizan para almacenar archivos grandes, pero planos. Por tanto, probablemente serían la infraestructura en la que se guardarían los datos en último término, pero no el formato de datos más recomendable. Chubby no es un tipo de datos, sino una estrategia de gestión de réplicas o, en general, de toma de decisiones distribuido. Los búferes de protocolo seguramente se utilizarán para serializar la información de usuarios si en algún momento es necesario enviarla a través de la red. Pero para almacenar la información de la tabla per se, utilizaría Bigtable. Bigtable permite almacenar grandes cantidades de información estructurada, de una manera flexible. Los usuarios tienen muchos datos distintos, algunos comunes y otros no (p. ej. no todos usarán las mismas aplicaciones) y que además cambian en el tiempo. Bigtable permite gestionar estos datos de manera estructurada pero flexible (cada usuario puede tener distintos campos) y almacenada mediante versiones para poder ver su evolución a lo largo del tiempo, si fuera necesario. Si pensáramos en software abierto, una opción para este tipo de datos sería Hbase, la base de datos no relacional de Hadoop.

Si tuvieras que implementar un motor de búsqueda en internet. ¿Cuál de las tres fases te parecería más accesible, especialmente si no tienes mucha capacidad de cálculo o de almacenamiento? De las tres fases, creo que el ranking es la que menos necesidad de cálculo ni de almacenamiento tiene. El crawling requiere, al menos, tanta capacidad de almacenamiento como toda la información indexada en internet. Seguramente varias veces más, para gestionar réplicas o archivos intermedios necesarios. Además, hace falta una capacidad de cómputo alto, aun cuando no se tengan versiones de crawling continuas y se utilicen solo en batch. El indizado tiene el mismo problema, tal vez con un poco menos de necesidad de almacenamiento, pero mayor necesidad de cálculo y gestión más compleja de información estructurada. En el caso de Google, el uso de barriles o tablas distribuidas como Bigtable, son soluciones eficientes pero complejas. El ranking, si puede tener acceso a los índices inversos generados a partir de los procesos explicados anteriormente, es relativamente sencillo. Solo tiene que gestionar consultas simples de los clientes (textos cortos) e idear algún algoritmo de clasificación en base a dichas consultas y la información en los índices. De hecho, solo Bing (Microsoft) y Google tienen sus propios sistemas completos de crawling e indexing. El resto de alternativas confían en ellos, implementando algún algoritmo de ranking o haciendo una combinación (mashup) entre los resultados de los existentes.

Bibliografía

[1] D. Meadows. 'Bailar con sistemas'. En: *15-15-15* (2019). URL: https://www.15-15-15.org/webzine/2019/02/03/bailar-con-sistemas/ (citado en las páginas iii, 7).

[2] G. Colouris, J. Dollimore, T. Kindberg, and G. Blair. *Distributed Systems: Concepts and Design (Fifth Edition)*. Editado pored. por A. Wesley. Pearson, 2012, p. 1067 (citado en las páginas v, vi, 45, 64, 96).

[3] C. Biever. 'ChatGPT broke the Turing test — the race is on for new ways to assess AI'. En: *Nature* 619 (7971 2023), pp. 686–689. DOI: 10.1038/d41586-023-02361-7 (citado en la página 2).

[4] D. Chamovitz. *Lo que las plantas saben*. Editado pored. por E. Ariel. 2019, p. 216 (citado en la página 2).

[5] D. Tunkelag. *A Conversation Between Two AIs*. 2016. URL: https://dtunkelang.medium.com/a-conversation-between-two-ais-c929d4f5f1d0 (citado en la página 2).

[6] D. Winer. *Clay Shirky on P2P*. 2000. URL: http://scripting.com/davenet/2000/11/15/clayShirkyOnP2p.html (citado en la página 4).

[7] M. Peirano. *El enemigo conoce el sistema*. Debate, 2019, p. 304 (citado en las páginas 4, 12, 72).

[8] A. Koblin and T. Kawashima. *Ten Thousand Cents*. 2008. URL: https://www.youtube.com/watch?v=eeUf1dgqhHY (citado en la página 6).

[9] R. Spence, A. Bifulco, P. Bradbury, E. Martellozzo, and J. DeMarco. 'The Psychological Impacts of Content Moderation on Content Moderators: A Qualitative Study'. En: *Journal of Psychosocial Research on Cyberspace* 17 (4 2023), p. 8. DOI: https://doi.org/10.5817/CP2023-4-8 (citado en la página 6).

[10] B. Perrigo. 'OpenAI Used Kenyan Workers on Less Than $2 Per Hour to Make ChatGPT Less Toxic'. En: *Time* (2023). URL: https://time.com/6247678/openai-chatgpt-kenya-workers/ (citado en la página 6).

[11] G. E. P. Box. 'Science and Statistics'. En: *Journal of the American Statistical Society* 71 (356 1976), pp. 791–799. DOI: https://doi.org/10.2307/2286841 (citado en la página 7).

[12] M. Fukuoka. *La revolución de una brizna de paja*. EcoHabitar, 2011, p. 142 (citado en la página 7).

[13] A. Doixadis and C. H. Papadimitrou. *Logicomix: una búsqueda épica de la verdad*. Editado pored. por Sinsentido. 2009, p. 349 (citado en la página 7).

[14] R. Fielding. 'REST: architectural styles and the design of network-base software architectures'. En: (2000) (citado en la página 20).

[15] EngineerGuy. *How a quartz watch works*. 2010. URL: https://youtu.be/1pM6uD8nePo (citado en la página 25).

[16] A. Frank. *The mathematical explanation for "spontaneous synchronization"*. 2022. URL: https://bigthink.com/13-8/nature-synchronization/ (citado en la página 25).

[17] S. Knapton. 'Leap Second confuses Twitter and Android'. En: *The Telegraph* (2015). URL: https://www.telegraph.co.uk/news/science/science-news/11710148/Leap-Second-confuses-Twitter-and-Android.html (citado en la página 26).

[18] D. Orf. 'Say Goodbye to the Extremely Chaotic "Leap Second"'. En: *Popular Mechanics* (2022). URL: https://www.popularmechanics.com/science/a42099365/say-goodbye-to-the-leap-second-in-2035/ (citado en la página 27).

[19] D. C. Agnes. 'A global timekeeping problem postponed by global warming'. En: *Nature* (2024), pp. 1–4. URL: https://www.nature.com/articles/s41586-024-07170-0 (citado en la página 27).

[20] R. Gusella and S. Zatti. *Tempo: A network time controller for a distributed berkeley unix system*. 1983 (citado en la página 29).

[21] R. Gusella and S. Zatti. 'The Accuracy of the Clock Synchronization Achieved by TEMPO in Berkeley UNIX 4.3BSD'. En: *IEEE Transactions on Software Engineering* 15 (7 1989), pp. 847–853. DOI: https://doi.org/10.1109/32.29484 (citado en la página 29).

[22] F. Cristian. 'Probabilistic clock synchronization'. En: *Distributed Computing* 3 (1989), pp. 146–158. DOI: https://doi.org/10.1007/BF01784024 (citado en la página 30).

[23] L. Lamport. 'Time, clocks and the ordering of events in a distributed system'. En: *Communications of the ACM* 21 (7 1978), pp. 558–565. DOI: 10.1145/359545.359563. URL: https://www.cs.sfu.ca/~vaughan/teaching/431.2011-1/papers/lamport78.pdf (citado en la página 31).

[24] S. Levy. *Hackers: heroes of the computer revolution*. O'Reilly, 2010, p. 499 (citado en las páginas 34, 72).

[25] K. M. Chandy and L. Lamport. 'Distributed snapshots: determining global states of distributed systems'. En: *ACM Transactions on Computer Systems* 3 (1 febrero 1985), pp. 63–75. DOI: 10.1145/214451.214456 (citado en la página 35).

[26] G. Ricart and A. K. Agrawala. 'An optimal algorithm for mutual exclusion in computer networks'. En: *Communications of the ACM* 24 (1 1981), pp. 9–17. DOI: 10.1145/358527.358537 (citado en la página 41).

[27] M. Maekawa. 'A sqrt(N) algorithm for mutual exclusion in decentralized systems'. En: *ACM Transactions on Computer Systems* 3 (2 1985), pp. 145–159. DOI: 10.1145/214438.214445 (citado en las páginas 41, 42).

[28] K. P. Birman and T. A. Joseph. 'Reliable communication in the presence of failures'. En: *ACM Transactions on Computer Systems* 5 (1 enero 1987), pp. 47–76. DOI: 10.1145/7351.7478 (citado en la página 46).

[29] K. Hawley. *Trust, a very short introduction*. Editado pored. por O. U. Press. 2012 (citado en la página 47).

[30] L. Lamport, R. Shostak, and M. Pease. 'The Byzantine Generals Problem'. En: *ACM Transactions on Programming Languages and Systems* 4 (3 julio 1982), pp. 382–401. DOI: 10.1145/357172.357176 (citado en la página 47).

[31] L. Lamport. 'The part-time parliament'. En: *ACM Transactions on Computer Systems* 16 (2 1998), pp. 133–169. DOI: 10.1145/279227.279229. URL: http://portal.acm.org/citation.cfm?doid=279227.279229 (citado en la página 49).

[32] M. Castro and B. Liskov. 'Practical Byzantine Fault Tolerance and Proactive Recovery'. En: *ACM Transactions on Computer Systems* 20 (4 2002), pp. 398–461. DOI: 10.1145/571637.571640 (citado en la página 51).

[33] D. Ongaro and J. Ousterhout. 'In search of an understandable consensus algorithm'. En: *USENIX annual technical conference*. 2014, pp. 305–319 (citado en la página 52).

[34] w3techs. *Usage statistics of Unix for websites*. 2024. URL: https://w3techs.com/technologies/details/os-unix (citado en la página 57).

[35] SreamDataCenters. *Stream Data Center Cost*. URL: https://www.streamdatacenters.com/glossary/data-center-cost/ (citado en la página 63).

[36] C. Slingerland. *Netflix Architecture: How much does Netflix's AWS cost?* 2021. URL: https://www.cloudzero.com/blog/netflix-aws/ (citado en la página 63).

[37] H. Schulze and K. Mochalski. 'Internet Study 2008/2009'. En: *Ipoque* (2009), pp. 1–13. URL: http://www.ipoque.de/userfiles/file/ipoque-Internet-Study-08-09.pdf (citado en la página 65).

[38] S. Corporation. 'the Global Internet Phenomena Report'. En: (January 2022) (citado en la página 65).

[39] S. Corporation. *The Global Internet Phenomena Report*. 2023 (citado en la página 65).

[40] M. Peirano. 'La nueva guerra del copyright'. En: *El País* (2023), p. 12 (citado en la página 72).

[41] R. Ladin, B. Liskov, L. Shrira, and S. Ghemawat. 'Providing High Availability Using Lazy Replication'. En: *ACM Transactions on Computer Systems (TOCS)* 10 (4 1992), pp. 360–391. DOI: 10.1145/138873.138877 (citado en la página 75).

[42] D. B. Terry, M. M. Theimer, K. Petersen, A. J. Deniers, M. J. Spreitzer, and C. H. Hauser. 'Managing update conflicts in bayou, a weakly connected replicated storage system'. En: *Proceedings of the 15th ACM Symposium on Operating Systems Principles, SOSP 1995* (1995), pp. 172–183. DOI: 10.1145/224056.224071 (citado en la página 76).

[43] K. Petersen, M. J. Spreitzer, D. B. Terry, M. M. Theimer, and A. J. Demers. 'Flexible Update Propagation for Weakly Consistent Replication'. En: *Operating Systems Review (ACM)* 31 (5 1997), pp. 288–301. DOI: 10.1145/269005.266711 (citado en la página 76).

[44] M. Shapiro, N. Preguiça, C. Baquero, and M. Zawirski. 'Conflict-Free Replicated Data Types'. En: *Stabilization, Safety, and Security of Distributed Systems* 6976 (2011), pp. 386–400. DOI: https://doi.org/10.1007/978-3-642-24550-3_29 (citado en la página 76).

[45] C. A. Ellis and S. J. Gibbs. 'Concurrency Control in Groupware Systems'. En: *Proceedings of the 1989 ACM SIGMOD international conference on Managemente of data*. 1989, pp. 399–407. DOI: https://link.springer.com/chapter/10.1007/3-540-48184-2_32 (citado en la página 78).

[46] A. Narayanan, J. Bonneau, E. Felten, A. Miller, and S. Goldfeder. 'Bitcoin and Cryptocurrency Technologies Chapter 2: How Bitcoin Achieves Decentralization'. En: (2015) (citado en la página 79).

[47] R. C. Merkle. 'A digital signature based on a conventional encryption function.' En: *Conference on the theory and application of cryptographic techniques*. 1987, pp. 369–378. DOI: https://link.springer.com/chapter/10.1007/3-540-48184-2_32 (citado en la página 80).

[48] G. Hileman and M. Rauchs. *Global Criptocurrency Benchmarking Study*. 2017. DOI: 10.2139/ssrn.3040224 (citado en la página 81).

[49] A. D. Vries. 'Cryptocurrencies on the road to sustainability: Ethereum paving the way for Bitcoin'. En: *Patterns* 4 (2023), pp. 1–5. DOI: 10.1016/j.patter.2022.100633 (citado en la página 86).

[50] Y. Varoufakis. *Adults in the Room: my battle with Eourope's deep establishment*. The Bodley Head, 2017, p. 561 (citado en la página 86).

[51] J. Green. 'Bitcoin inventor was aware of currency's power demands'. En: *T-HQ technology and business* (2024). URL: https://techhq.com/2024/02/what-is-the-cost-of-bitcoin-in-environmental-terms/ (citado en la página 87).

[52] S. Brin and L. Page. 'The anatomy of a large-scale hypertextual Web search engine'. En: *Computer Networks and ISDN Systems* 30 (1998), pp. 107–117. DOI: 10.1016/S0169-7552(98)00110-X (citado en la página 93).

[53] J. Bar-Ilan. 'Manipulating search engine algorithms: the case of Google'. En: *Journal of Information, Communication and Ethics in Society* 5 (2 2007), pp. 155–166. DOI: 10.1108/14779960710837623 (citado en la página 94).

[54] D. Lewandowski. 'Living in a world of biased search engines'. En: *Online Information Review* 39 (2015), pp. 1–4 (citado en la página 94).

[55] C. Doctorow. 'Social Quitting'. En: *Locus Magazine* (2022), pp. 29–49. URL: https://locusmag.com/2023/01/commentary-cory-doctorow-social-quitting/ (citado en la página 95).

[56] J. Dean. 'Experiences with MapReduce, an abstraction for large-scale computation'. En: *15th International Conference on Parallel Architectures and Compilation Techniques, (PACT'06)*, 2006, p. 1. DOI: 10.1145/1152154.1152155 (citado en la página 95).

[57] L. A. Barroso and U. Hölzle. 'The Datacenter as a Computer: An Introduction to the Design of Warehouse-Scale Machines'. En: 2009, pp. 1–107. DOI: 10.1007/978-3-031-01722-3 (citado en la página 96).

[58] J. L. Hennessy and D. A. Patterson. *Computer Architecture: A Quantitavie Approach*. 5th editio. 2012, p. 1357 (citado en la página 96).

[59] J. L. Hennessy and D. A. Patterson. *Computer Architecture: A Quantitative Approach*. 6th editio. 2017, p. 1527 (citado en la página 97).

[60] L. A. Barroso. 'A Brief History of Warehouse-Scale Computing'. En: *IEEE Micro* 41 (2 2021), pp. 78–83. DOI: 10.1109/MM.2021.3055379 (citado en la página 97).

[61] S. Ghemawat, H. Gobiof, and S.-T. Leung. 'The Google File System'. En: *Proceedings of the nineteenth ACM symposium on Operating systems principles*. 2003, pp. 29–43. DOI: 10.1145/945445.945450 (citado en las páginas 99, 104).

[62] C. Metz. 'Google File System II: Dawn of the Multipying Master Nodes'. En: *The Register* (2009), p. 4 (citado en la página 99).

[63] D. Hildebrand and D. Serenyi. 'Colossus under the hood: a peek into Google's scalable storage system'. En: *Google Cloud Blog* (2021). URL: https://cloud.google.com/blog/products/storage-data-transfer/a-peek-behind-colossus-googles-file-system (citado en la página 100).

[64]   F. Chang, J. Dean, S. Ghemawat, W. C. Hsieh, D. A. Wallach, M. Burrows, T. Chandra, A. Fikes, and R. E. Gruber. 'Bigtable: A Distributed Storage System for Structured Data'. En: *ACM Transactions on Computer Systems*. 2008, pp. 1–26. DOI: 10.1145/1365815.1365816 (citado en la página 100).

[65]   M. Burrows. 'The Chubby lock service for loosely-coupled distributed systems.' En: *Proceedings of the 7th symposium on Operating systems design and implementation*. 2006, pp. 335–350 (citado en la página 101).

[66]   J. Dean and S. Ghemawat. 'MapReduce: Simplified Data Processing on Large Clusters'. En: *6th Symposium on Operating Systems Design and Implementation*. 2004, pp. 137–149 (citado en la página 102).

[67]   K. Shvachko, H. Kuang, S. Radia, and R. Chansler. 'The Hadoop Distributed File System'. En: *IEEE 26th symposium on mass storage systems and technologies (MSST)*. 2010, pp. 1–10. DOI: https://doi.org/10.1109/MSST.2010.5496972 (citado en la página 104).

[68]   D. Borthakur, J. Gray, J. S. Sarma, Muthukkaruppan, N. K. Spiegelberg, H. Kuang, and A. Aiyer. 'Apache hadoop goes realtime at facebook'. En: *ACM SIGMOD International Conference on Management of data* (2011), pp. 1071–1080. DOI: 10.1145/1989323.1989438 (citado en la página 104).

[69]   K. Shvachko. 'Apache Hadoop: the scalability update'. En: *USENIX* (2011), pp. 7–13. DOI: 10.1109/MSST.2010.5496972 (citado en la página 104).

[70]   B. Burns, J. Beda, and K. Hightower. *Kubernetes: up and running*. 2nd edition. 2019, p. 277 (citado en la página 104).

[71]   C. Kidd and S. Wickramasinghe. 'Hadoop vs Kubernetes: Will K8s and Cloud Native End Hadoop?' En: *bmc* (2021), p. 22. URL: https://www.bmc.com/blogs/hadoop-cloud-native-kubernetes/ (citado en la página 104).

Índice Alfabético

01000101 01110011 01110100 01100101 00100000 01101100 01101001
01100010 01110010 01101111 00100000 01110011 01100101 00100000
01100001 01100011 01100001 01100010 11000011 10110011 00100000
01100100 01100101 00100000 01101001 01101101 01110000 01110010
01101001 01101101 01101001 01110010 00100000 01100101 01101110
00100000 01101100 01101111 01110011 00100000 01110100 01100001
01101100 01101100 01100101 01110010 01100101 01110011 00100000
01100100 01100101 00100000 01001110 01110101 01100101 01110110
01100001 00100000 01000111 01110010 01100001 01100110 01101001
01100011 01100101 01110011 01100001 00100000 01100101 01101100
00100000 00110001 00110101 00100000 01100100 01100101 00100000
01101110 01101111 01110110 01101001 01100101 01101101 01100010
01110010 01100101 00100000 01100100 01100101 00100000 00110010
00110000 00110010 00110100 00101100 00100000 00110111 00110100
00110100 00100000 01100001 11000011 10110001 01101111 01110011
00100000 01100100 01100101 01110011 01110000 01110101 11000011
10101001 01110011 00100000 01100100 01100101 00100000 01101100
01100001 00100000 01101101 01110101 01100101 01110010 01110100
01100101 00100000 01100100 01100101 00100000 01000001 01101100
01100010 01100101 01110010 01110100 01101111 00100000 01001101
01100001 01100111 01101110 01101111 00101100 00100000 01110100
01100001 01101101 01100010 01101001 11000011 10101001 01101110
00100000 01100011 01101111 01101110 01101111 01100011 01101001
01100100 01101111 00100000 01100011 01101111 01101101 01101111
00100000 11000010 10101011 01000001 01101100 01100010 01100101
01110010 01110100 01101111 00100000 01100101 01101100 00100000
01000111 01110010 01100001 01101110 01100100 01100101 11000010
10111011 00100000 01101111 00100000 11000010 10101011 01100101
01101100 00100000 01000100 01101111 01100011 01110100 01101111
01110010 00100000 01010101 01101110 01101001 01110110 01100101
01110010 01110011 01100001 01101100 11000010 10111011 00101100
00100000 01110000 01100001 01110100 01110010 01101111 01101110
01101111 00100000 01100100 01100101 00100000 01101100 01101111
01110011 00100000 01100101 01110011 01110100 01110101 01100100
01101001 01100001 01101110 01110100 01100101 01110011 00100000
01100100 01100101 00100000 01100011 01101001 01100101 01101110
01100011 01101001 01100001 01110011 00100000 01101110 01100001
01110100 01110101 01110010 01100001 01101100 01100101 01110011
00101100 00100000 01100011 01101001 01100101 01101110 01100011
01101001 01100001 01110011 00100000 01110001 01110101 11000011
10101101 01101101 01101001 01100011 01100001 01110011 00100000
01111001 00100000 01100011 01101001 01100101 01101110 01100011
01101001 01100001 01110011 00100000 01100101 01111000 01100001
01100011 01110100 01100001 01110011 00101110